有意義な大学生活にむけて
── Making Your University Life More Meaningful ──

　本書（*First Step to College English*）は、その名のとおり、大学入学前に英語の基礎固めに取り組むための最初の一冊として作成されました。大学という「学びの場」での生活をより有意義に過ごすために必要なことは何でしょうか？ それは「準備」です（「備えあれば憂いなし！」）。大切なのは入学までの準備期間の過ごし方です。陸上の跳躍競技と同様に、結果は「助走」の質に左右されます。

　大学では学びの質が変わります。たとえば英語の場合、中学校や高等学校では「一般目的の英語（English for General Purposes）」を対象としていましたが、大学ではまずは「一般学術目的の英語（English for General Academic Purposes）」を学ぶことになります。つまり、おもに日常生活で用いる一般目的の英語学習からアカデミックな場面で必要とされる一般学術目的の英語学習への質的転換が求められます。高度な英語運用能力を身につけるには、語彙知識はもとより、文法知識を深めることが必要となります。ここで必要となる文法知識とは、「説明のための文法の知識」ではなく、英語の4技能（聞く、話す、読む、書く）の礎となる「使用のための文法の知識」のことです。コミュニケーションを支える文法能力と言ってもよいでしょう。

　みなさんの入学前の助走を確かなものにして、入学直後からより高く、より遠くへジャンプできるよう、本学外国語学部英米語学科のリーディングチームが一丸となり、このテキストを作成しました。文法の解説や練習問題だけでなく、本学の学生と留学生による学生新聞の *NUFS Times* の記事を使ったリスニング問題も用意しました。また、各ユニットのコラム欄にはフランス語学科の先生方にもご寄稿いただきました。ぜひ楽しんでください。

　本書での学びが有意義な大学生活にむけた飛躍の第一歩となることを願っております。

名古屋外国語大学
外国語学部長　田地野　彰

はじめに

このテキストの目的 〜自立した学習者への第一歩〜

　このテキストは、大学への入学準備期間に活用できる教材として作成されました。入学試験を終え、春に大学へ入学するまでの期間に、自分で学ぶ習慣をつけること、そして英語力の基礎固めの手助けとなることを目的としています。まずはこのふたつの目的の大切さと、このテキストの使い方について具体的に説明します。

目的① 自分で学ぶ習慣をつけよう！

　大学では自分で考え、学んでいくという主体的な学びが求められます。これまでの「教えてもらう」学び方だけでなく、さらに能動的に問題点を見つけ、考え、調べていく学び方、つまり「自立した学習者」となることが大学生としての学びには大切です。そのためにも、自主的に学ぶ習慣づけを今から始めてみましょう。無理のないペースで、とにかく毎日英語に触れることを目標にして、このテキストを開いてみてください。そして問題を解く中で、わからないことや、興味を持った内容について、インターネットを活用して検索したり、書店や図書館でより詳しい参考書や本を手に取ったりして、どんどん知を広げていきましょう。入学までの数カ月間、毎日コツコツと続けること、それこそが大切な学びの習慣づくりとなり、自立した学習者への第一歩となるはずです。

目的② 英語力の基礎固めを始めよう！

　大学で共に学ぶクラスメートの英語力はさまざまです。異なる英語レベルのクラスメートと共に学ぶ時、友達と自分の英語力を比べないでください。必要なのは、上記のとおり、大学生としての学習態度ができていること、そして基礎的な英語力をつけていることです。つまり、授業で学ぶことを理解して、必要な時に質問することができる学習態度と基礎的な英語力があれば、余裕を持って授業に参加することができ、日々の努力で知識や英語力を伸ばしていくことができます。

　その英語力の基礎固めを無理なくスタートするために、このテキストでは、各章約50秒ほどの英語音声を使った耳からの英語力強化問題と、使える英語を目指した基本的な文法説明が用意されています。リスニング用の音声と動画では、名古屋外国語大学英米語学科の教授陣により、*NUFS Times* の記事をもとにした文章が読み上げられています。異なるルーツを持つ教員の音声をとおして、さまざまな英語に慣れていきましょう。

　このテキストを終えたら、次はみなさん自身で、自分に合ったテキストや学習方法を探して、さらなる基礎固めをしてください。頑丈な基礎ができれば、崩れることなく、どんどん上へと英語力を積み上げていくことができます。大学で挑戦してみたいことや将来の目標に向かって、入学までの数カ月間を有意義に過ごしてください。このテキストがその一助となることを願っています。

名古屋外国語大学　英米語学科　吉本美佳

このテキストの使い方

✧ リスニングのための音声と動画の視聴方法

① 下記のQRコードを読み取る。
② 「音声」と「動画」の2種類の教材フォルダーからいずれかを選ぶ。
③ さらに「自然な速度」と「ゆっくりな速度」のいずれかのフォルダーを選ぶ。
④ 希望の章を選んで視聴開始！

音声・動画リンクはこちらから   https://drive.google.com/drive/folders/19TYeFUCzjiPalsthsUcmJpZgQDSa3qxF?usp=drive_link

✧ 学習の進め方

Step 1～Step 3：リスニング

1) まずは音声または動画を繰り返し再生して、Step 1で単語を確認しましょう。
2) Step 2の問題を解いてみましょう。内容が把握できたら、「解答」（82ページ～）に掲載されている全文で答えを確認しましょう。
3) さらに音声と動画を活用しましょう。おすすめは、シャドーイングとサイト・トランスレーションの練習です。

シャドーイング（shadowing）：音声を聴きながら、追いかけるように英文を声に出して繰り返す学習方法です。文章を見ず、耳から聴いた音声を、声に出して模倣します。同じ音声を繰り返し復唱することで、発音やリズムが身につき、リスニングスキルを向上させることができます。

サイト・トランスレーション（sight translation）：英文を英語の語順のまま、声に出して和訳する方法です。意味のかたまりごとに区切りを入れながら、訳出していきます。文頭から訳すこの方法を身につけることで、読解の速度やリスニング力の向上に繋がります。

Step 4～Step 5：文法解説と練習問題

文法の説明は、他の文法書にはないほどシンプルに、基本的ながらも重要な内容のみになっています。まずは例文を見て、使い方を理解してから、残りの説明を読みましょう。その後はExercisesで理解度を試してみましょう。Exercisesの答えは「解答」（82ページ～）にあります。問題を解いていくだけではなく、必ず自分で答え合わせをして、理解度を確認しましょう。

Step 6

英文の和訳例です。サイト・トランスレーションの練習をするときに、模範訳として参考にしてください。また和訳から英文への翻訳にもぜひ挑戦してみてください。

目次

有意義な大学生活にむけて		i
はじめに		ii
1	**Excessive Food Waste in Japan** 文構造（1）	1
2	**The Extinction of Japan's "Job for Life" Mentality** 文構造（2）	5
3	**Life in Japan** 現在形と現在進行形	9
4	**Animal Welfare** 過去形と過去進行形	13
5	**The Price of Privacy in Japan** 現在完了形	17
6	**Decreasing Population in Japan** 過去完了形	21
7	**Transforming Japan's Corporate Culture** 未来表現	25
8	**Is Japan Aware Our House Is on Fire?** 受動態（1）	29
9	**Pictograms: Wordless Communication** 受動態（2）	33
10	**The Future of Literacy** 助動詞	37
11	**The Voices of Socially Vulnerable** When と If	41
12	**Muslims in Japan** 仮定法（1）	45
13	**Transition to Electric Cars** 仮定法（2）	49
14	**Put Yourself in Cats' Shoes** 話法	53
15	**Redefining Forest Renewability** 不定詞・動名詞	57
16	**Sewing an Ethical Economy** 分詞	61
17	**"A Chance"** 分詞構文	65
18	**Reaching Beyond the Screen** 比較	69
19	**Hikikomori in Japan** 関係詞	73
20	**Rules in Japanese Schools** 強調表現	77
解答		82

1 Excessive Food Waste in Japan
How Japan has made great but insufficient progress

Step 1. 🔊 Listen and take notes
音声を 2 回聴きましょう。下の単語や表現が聴き取れたら、各ボックスにチェックを入れましょう。またこの文章内での意味を考えましょう。

		Notes
☐ chewy	[tʃúːi]	
☐ leftover	[léftòuvər]	
☐ toss out	[tɔ́ːs aʊt]	
☐ trash	[trǽʃ]	
☐ waste	[wéɪst]	
☐ rapidly	[rǽpɪdli]	
☐ throw away	[θróʊ əweɪ]	

Step 2. 🔊 Listen and fill in the blanks
再度ニュースを聴いて、下の文章の空欄にそれぞれ適当な語を 1 語ずつ書き入れましょう。

The heel of a loaf of [   ], the piece of [   ] that was just a bit too chewy, the extra ginger in the bento you [   ] in a convenience store: These all seem like tiny leftovers and are tossed out after each [   ] with the rest of the trash. This [   ] [   ] of waste starts to [   ] rapidly as it is thrown away every day all across Japan.

Step 3. 🔊 Shadowing & translation practice
Step 2 で完成させた文章を見ながら音声を聴いて、まずは英語でのシャドーイングの練習をしましょう。慣れたらサイト・トランスレーションの練習をしてみましょう。
和訳例は 4 ページにあります。

First Step to College English

Step 4. 📖 Grammar

文構造（1）「意味順」から英文を作ろう！

英語は語順で意味が決まる言語であり、<u>「だれが」「する(です)」「だれ・なに」「どこ」「いつ」</u>の順に語句が並ぶと覚えておきましょう。
そして、「だれが」や「する(です)」などの意味のまとまりの順序のことを<u>「意味順」</u>と言います。

＜以下の文を「意味順」を用いて英語で表すと...＞
日本語：昨日 エイミーは 彼女の部屋で 本を 読んでいました。
　　　　 いつ　だれが　　 どこ　　　 なに 　する

だれが	する(です)	だれ・なに	どこ	いつ
(エイミー) Amy	(読んでいた) was reading	(本) a book	(彼女の部屋) in her room	(昨日) yesterday.

これまで学んできた5文型も「意味順」で対応することができます！また、「いつ」の後に「どのように」と「なぜ」を足すと5W1Hすべてに対応できます。

	だれが	する(です)	だれ・なに	どこ	いつ
<第1文型>	(カズキ) Kazuki S	(歌っている) is singing. V			
<第2文型>	(カナ) Kana S	(です) is V	(先生) a teacher. C		
<第3文型>	(キヨシ) Kiyoshi S	(話すことができる) can speak V	(ドイツ語) German. O		
<第4文型>	(ナオキ) Naoki S	(見せた) showed V	(私) me O	(写真) the photos. O	
<第5文型>	(私たち) We S	(呼ぶ) call V	(彼) him O	(デーブ) Dave. C	

「意味順」を理解することで、英語の「書く」・「話す」力が身につき、また、**次にどのような意味をもつ語句がくるのか**を考えながら英語を聞いたり、読んだりすることができるようになります。「意味順」を意識しながら、英語を勉強する習慣をつけましょう！

【参考】
田地野彰 (2021)『「意味順」式イラストと図鑑でパッとわかる英文法図鑑』KADOKAWA

Step 5. ✏ Exercises

1. 次の英文の語句が「だれが」「する(です)」「だれ・なに」「どこ」「いつ」のどの枠にあてはまるかを答えましょう。

【例】Tom was fishing in the river.

だれが	する(です)	だれ・なに	どこ	いつ
Tom	was fishing		in the river.	

(1) Salt is one of the most important ingredients.

だれが	する(です)	だれ・なに	どこ	いつ

(2) Kazuki ate a cake on his birthday.

だれが	する(です)	だれ・なに	どこ	いつ

(3) My mother cooked me curry and rice yesterday.

だれが	する(です)	だれ・なに	どこ	いつ

2. 「意味順」を参考にしながら、次の日本語文を英語で表しましょう。

(1) 5 年前、サトシは京都に住んでいました。

_____

だれが	する(です)	だれ・なに	どこ	いつ

(2) マサキは自分の娘をリオと名付けました。

_____

だれが	する(です)	だれ・なに	どこ	いつ

(3) <あるカフェの貼り紙> このお店では WiFi を使うことができます。

_____

だれが	する(です)	だれ・なに	どこ	いつ

First Step to College English

Step 6. Translation

パンの耳、少々噛み応えのありすぎる肉のかけら、そしてコンビニで買ったお弁当で余った生姜。これらはすべてわずかな残飯だと思われがちで、毎食後、他のゴミと一緒に捨てられます。このわずかな量のごみが、日本中で毎日捨てられることで、どんどん増えていくのです。

Column

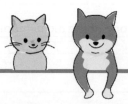

この教材を勉強している皆さんへ

上田 功

　この教材は、高校までの英語と大学入学後に学ぶ英語との橋渡しをする教材です。皆さんのなかには、内容や使われている英語を難しく感じている人がいるかもしれません。それは何故か。ひとつには高校までの教材は、語彙、文法のレベルや英語のスタイル、そして内容に至るまで、すべてコントロールされているからです。私は10年ほど高校教科書の編集・執筆をしました。トピックを探しては英語に書き下ろすのですが、編集会議では、教科書会社の担当から、英語や内容について、もっと易しくするよう毎回注文されました。いわば皆さんは、普通の食べ物ではなく、子ども用に作られた、お腹に優しい食べ物をずっと食べてきたのです。
　大学で勉強する英語はそのようにコントロールされた英語ではありません。本物の英語です。きつねうどんやカレーライスだけではなく、お酒付きのフルコース・ディナーや、激辛唐辛子入りや、「何これ？　虫じゃないの！」という具合に多種多様で、スリル満点です。このような大学の食生活で、本物の英語を飲み込めなかったり、食あたりしたりしないように、この教材に取り組みましょう。適当にすませるのではなく、真剣にやりましょう。終わったらまた最初からやり直しましょう。何度も、何度も。
　最初に、橋渡し教材と書きましたが、橋は一方の地盤が弱いと崩れ落ちてしまいます。本教材は、実は高校までの英語の地盤を固める役割も果たしています。頑張って下さい。

2 The Extinction of Japan's "Job for Life" Mentality
Business impacts and solutions

Step 1. 🔊 Listen and take notes
音声を2回聴きましょう。下の単語や表現が聴き取れたら、各ボックスにチェックを入れましょう。またこの文章内での意味を考えましょう。

			Notes
☐	labor market	[léɪbər má:rkət]	
☐	employee	[ɪmplɔ́ɪi:]	
☐	behavior	[bɪhéɪvjər]	
☐	previous	[prí:viəs]	
☐	keep up	[kí:p ʌp]	
☐	rare	[réər]	
☐	job for life	[dʒá:b fər láɪf]	

Step 2. 🔊 Listen and fill in the blanks
再度ニュースを聴いて、下の文章の空欄にそれぞれ適当な語を1語ずつ書き入れましょう。

The Japanese labor market [　　　　] [　　　　] [　　　　] a change in employee behavior for several years. The professional goals of the new generation are different from those of previous ones, and companies [　　　　] [　　　　] to keep up. Traditionally, in large Japanese companies, it is very rare for employees to [　　　　] before retirement age. However, more recently, this "job for life" mentality has loosened and people are [　　　　] [　　　　] afraid to change jobs.

Step 3. 🔊 Shadowing & translation practice
Step 2で完成させた文章を見ながら音声を聴いて、まずは英語でのシャドーイングの練習をしましょう。慣れたらサイト・トランスレーションの練習をしてみましょう。
和訳例は8ページにあります。

Step 4. Grammar

文構造（2）より長い文も「意味順」で視覚的に捉えよう！

前のセクションで「意味順」をマスターすることは、英語でのコミュニケーションや読み書きに役立つと述べましたが、このセクションでは、接続詞などが含まれるより長い文を「意味順」を用いて解釈する練習をしてみましょう！

I think **that he is walking to the post office now**.
彼は今郵便局に歩いていると私は思います。

α	だれが	する(です)	だれ・なに	どこ	いつ
	I	think	that ...		

that	he	is walking		to the post office	now.

- ✓ 「だれが」の前にαを設けることで、その枠αに接続詞などを入れることができます。
- ✓ 「なに」を think「思う」のか？の部分が2段目になるイメージです。

【例1】接続詞 and を用いた文：I watched TV and she read a magazine.

α	だれが	する(です)	だれ・なに	どこ	いつ
	I	watched	TV		
and	she	read	a magazine.		

> 「意味順」ボックスを2段にして、上から下へ解釈していきましょう！

【例2】接続詞 when を用いた文：When I came home, she was cooking in the kitchen.

α	だれが	する(です)	だれ・なに	どこ	いつ
When	I	came		home,	
	she	was cooking		in the kitchen.	

【例3】関係詞の文：I know the boy who is standing at the bus stop.

だれが	する(です)	だれ・なに	どこ	いつ
I	know	the boy …		

who	is standing		at the bus stop.	

> 1段目の「だれ・なに」にある the boy「その少年」がどういう人なのか？を2段目で述べているイメージです。

【参考】
田地野彰 (2021)『「意味順」式イラストと図鑑でパッとわかる英文法図鑑』KADOKAWA
田地野彰 (2021)『明日の授業に活かす「意味順」英語指導：理論的背景と授業実践』ひつじ書房

Step 5. ✏ Exercises

1. 次の英文は「だれが」「する(です)」「だれ・なに」「どこ」「いつ」にどの語句があてはまるかを答えましょう。

(1) Hanako lived in Kyoto when she was a university student.

a	だれが	する(です)	だれ・なに	どこ	いつ

(2) Mr. Ishikawa works for the restaurant which is closed on Mondays.

a	だれが	する(です)	だれ・なに	どこ	いつ

2. 「意味順」を参考にしながら、次の日本語文を英語で表しましょう。

(1) これは岐阜行きの特急列車です。

_____

だれが	する(です)	だれ・なに	どこ	いつ

(2) ヒトミはカオリが自分の携帯電話を見つけてくれたのを知らなかった。

_____

だれが	する(です)	だれ・なに	どこ	いつ

英語の「意味順」を身につけたら、次のセクションからは、意味のまとまり毎に関連する文法を復習していきましょう。次の図が「意味順」の要素と関係する文法事項を示しています。

First Step to College English　7

Step 6. Translation

日本の労働市場では、この数年間で従業員の様子に変化が生じています。新しい世代が目指す職業上のゴールは、これまでの世代とは異なるものであり、それに対応するため企業は苦心しています。従来、日本の大企業では、社員が定年前に退職することは非常に稀でした。しかし近年では、この「終身雇用」の考え方がゆるみ、人々は転職を恐れなくなりました。

Column

英語は体育系の科目？

岡田　新

　以前勤めていた大学で、同僚の英語学の先生が、新入生のオリエンテーションで、「英語というのは体育系の科目です」とおっしゃったのが記憶に焼き付いている。確かにそうだ、うまいことを言うなあ、とその時思った。文法とかを字面で理解しただけでは、実際の言葉として使うことはできない。英語は、身体で覚えてゆくものだ。だから使わないとすぐ錆付いてしまう。My French is rather rusty. なんて英語でも言うくらいだ。

　そのあと、医学部の教務委員の先生が、「英語ができるようにするには、どうしたらいいでしょうか」、と相談に来られたことがあった。学部2年生にでもとっておきの秘訣をおしえる講義をやっていただいたら、というご提案だった。そんな万能薬みたいな講義があれば苦労はしない。アインシュタインの方程式のようなものを覚えたら、たちどころに英語の宇宙に近づけるといった具合にお考えだったようだ。困った私は、「いや、英語は知識じゃないんですよ。実技なんです」と答えた。外科医は日々血管を吻合する訓練を欠かさないと聞いていたので、そんな表現が口をついて出たのだ。「ああ、そうなんですか！　それなら毎日やらないとだめですね！　わかりました」と先生はおっしゃり、直ちに1年から6年まで週何クラスかの医学英語のクラスを設置された。

　そう、英語は毎日毎日訓練する以外絶対に身につかない実技科目なのです。私も今でも暇があれば、一日BBCやCNNにどっぷりつかっています。

3 Life in Japan
What is it like to be different?

Step 1. 🔊 **Listen and take notes**
音声を 2 回聴きましょう。下の単語や表現が聴き取れたら、各ボックスにチェックを入れましょう。またこの文章内での意味を考えましょう。

☐ hospitality [hà:spətǽləti]
☐ immigrate [ímɪgrèɪt]
☐ complicated [ká:mpləkèɪtɪd]
☐ expect [ɪkspékt]
☐ apply for [əpláɪ fər]
☐ permanent [pə́ːrmənənt]
☐ residency [rézədənsi]

Notes

Step 2. 🔊 **Listen and fill in the blanks**
再度ニュースを聴いて、下の文章の空欄にそれぞれ適当な語を 1 語ずつ書き入れましょう。

The Media [　　　　] Japan welcomes many foreigners, but [　　　　] [　　　　] does that welcoming hospitality [　　　　] when foreigners do live in Japan? Japan is getting more [　　　　] as a country to visit for traveling and to immigrate. While coming as a tourist is easy and fun, immigrating to Japan and working here is far more complicated than most would expect. Foreigners [　　　　] many difficulties when applying for visas and permanent residency.

Step 3. 🔊 **Shadowing & translation practice**
Step 2 で完成させた文章を見ながら音声を聴いて、まずは英語でのシャドーイングの練習をしましょう。慣れたらサイト・トランスレーションの練習をしてみましょう。
和訳例は 12 ページにあります。

First Step to College English 9

Step 4. 📖 Grammar

現在形と現在進行形

I walk my dog every day.
Now I am reading a book
and my dog is sleeping.

みなさん「現在形」と「現在進行形」の使い方の違いを説明できますか？
どちらも「今」や「近い未来」を表すことができますが、違いを上の例文で見てみると・・・

  I walk my dog every day. 犬の散歩＝日常で繰り返される習慣
        →　現在形（I do）での表現

  I am reading and my dog is sleeping. 読書・睡眠＝今していること
        →　現在進行形（I am doing）での表現

✓　**現在形　＝　昨日も、今日も、明日も、あさっても・・・**
 今を中心とする過去、未来に渡る動作や状態は現在形で表します。
 基本を覚えましょう！
 ① The sun rises in the east. 　（変わらないこと）
 ② I come from Japan. 　　　　（現在の状態・事実）
 ③ I read books every night. 　（習慣）
 ＊ 頻度を表す副詞（often, usually, sometimes など）とよく一緒に使われます。

✓　**現在進行形　＝　まさに今、この時**
 今、まさに進行している動作または一定の期間内での動作は現在進行形で表します。
 基本を覚えましょう！
 ① Please be quiet. Everyone is sleeping. 　（まさにその時点）
 ② I am reading *Ulysses* little by little. 　（限りある期間）その時点では読んでいない

> **POINT**
> ＊ 進行形（~ing）にしない動詞に注意しましょう。
> **状態、心理状態、感覚**を表す動詞は、原則として進行形にしません。例えば・・・
> belong, consist, contain, have（所有）, believe, hate, know, like, love, need, prefer, realise, remember, understand, want, hear, see, smell, taste などです。

 ＊ 現在形は確定した近い未来の動作を、現在進行形は確実な近い未来の動作を表すこともあります。26 ページにある未来表現のページを見てみましょう。

10　　First Step to College English

Step 5. ✎ Exercises

1. 次の英文の（　）内の動詞を現在形か現在進行形にしましょう。

(1) Let's stay at home. It (rain) _____ now.

(2) Water (boil) _____ at 100°C.

(3) I am thirsty now. I (want) _____ to drink some water.

(4) Look! The birds (fly) _____ in the sky.

2. 次の会話文の返答に合う質問文を完成させましょう。

【例】 Q: *What time do you get up in the morning* ?

A: I usually get up around 7.

(1) Q: *What* _____ ?

A: Can't you see? I am cooking dinner right now.

(2) Q: *How* _____ ?

A: Well, I think I play the piano twice a week.

(3) Q: *What* _____ ?

A: I am a student.

Step 6. Translation

マスコミは、日本が多くの外国人を歓迎していると報じていますが、外国人が日本で居住するとなると、その歓迎のもてなしはどれほど通用するのでしょうか。旅行で訪れる国、そして移住先として、日本はますます人気が高まっています。観光客として訪れるには気軽で楽しいのですが、日本に移住して働くことは、多くの人が想像するよりもはるかに複雑です。外国人は、ビザや永住権を申請する際には、多くの困難を経験します。

Column

英語を好きになったきっかけ

古村　由美子

　私は幼い頃、童謡のレコードを聞くことが好きでした。中学生になるとさすがに童謡は卒業して、ニューミュージック（歳がわかりますね）という新たなジャンルのレコードを買っていました。中学2年生のある日、いつものレコード店でレコードを買ったところ、ある外国のバンドの映画の無料券をもらったのです。映画館は少し遠いところにありましたが、何故か初めて聞く『ビートルズ』というバンドの映画にとても興味を感じて、1人で思い切って観に行ったのです。確か *A Hard Day's Night* という映画でした。彼らのイギリスでのライブシーンや、日常の忙しい様子をコメディタッチで描いた作品です。

　私は映画を観て一瞬で彼らの大ファンになりました。すぐにレコード店へ行き、店の狙い通り、私は貯金をつぎ込んでレコードを買い続けたのです。毎日毎日彼らのレコードを聴き、時には易しい部分だけ歌っているうちに、私にとって英語は日常のものへと変わっていきました。残念なことに、最初に映画を見た時点で、すでに彼らは解散していて、いくつもの映画（例えば、解散前の *Let It Be* など）が公開済みだったため、それらの映画もほぼ観終え、レコードもほぼ全部聴き、自然と英語がインプットされたようです。学習しているという意識は全くなく、知らないうちに英語が好きになっていました。音楽っていいですよね。

4 Animal Welfare
What is becoming of our pandemic pets?

Step 1. 🔊 Listen and take notes
音声を2回聴きましょう。下の単語や表現が聴き取れたら、各ボックスにチェックを入れましょう。またこの文章内での意味を考えましょう。

☐ survey	[sə́ːrveɪ]	**Notes**
☐ quarantine	[kwɔ́ːrəntìːn]	
☐ crave	[kréɪv]	
☐ soothing	[súːðɪŋ]	
☐ companionship	[kəmpǽnjənʃìp]	
☐ abandon	[əbǽndən]	
☐ adopt	[ədɑ́ːpt]	

Step 2. 🔊 Listen and fill in the blanks
再度ニュースを聴いて、下の文章の空欄にそれぞれ適当な語を1語ずつ書き入れましょう。

According to a survey from the Japan Pet Food Association, the number of pet dogs increased [　　　　] [　　　　] %, and cats [　　　　] [　　　　] %, from 2019 to 2020. The association explained this increase as a [　　　　] of quarantine loneliness: people craved the soothing, peaceful companionship of a pet. However, as they [　　　　] [　　　　] their social lives, owners are beginning to abandon their newly adopted friends.

Step 3. 🔊 Shadowing & translation practice
Step 2 で完成させた文章を見ながら音声を聴いて、まずは英語でのシャドーイングの練習をしましょう。慣れたらサイト・トランスレーションの練習をしてみましょう。
和訳例は16ページにあります。

Step 4. 📖 Grammar

過去形と過去進行形

上の例文から「過去形」と「過去進行形」の違いを見てみましょう。

　　　　I went for a walk at 3. 散歩に出かけた＝過去に完結した動作
　　　　　　　　　　　　→　過去形（I did）での表現

　　　　I was walking　歩いていた＝継続中だった動作
　　　　　　　　　　　　→　過去進行形（I was doing）での表現

　　　　when I met my friend. 　友人と会った＝過去に完結した動作

✓　**過去形　（I did）**　「〜した」、「〜だった」
　　過去の事実・状態・動作・習慣を述べるときは、**過去形**を用いて表します。

　　基本を覚えましょう！
　　① Where were you last night? （状態）
　　② I ate Indian curry last night. （動作）
　　③ I often stayed up all night when I was a student. （習慣）

　　＊　**used to**　「よく〜したものだ」を使った表現も覚えましょう。
　　　　I used to stay up all night when I was a student.

✓　**過去進行形　（I was doing）**　「〜しているところだった」
　　過去のある時点で進行していた状況・動作

　　基本を覚えましょう！
　　① I was driving when you phoned me. （その時点）
　　　　→　電話があったまさにその時、運転という動作中だった。
　　② I was living in Iran in 2021. （一定の期間）
　　　　→　2021年という一定の期間、イランに住んでいるという状況だった。

Step 5. ✎ Exercises

1. 次の英文の（　）内の動詞を過去形か過去進行形にしましょう。

(1) I (drop) _____ my wallet while I (cycle) _____ to work.

(2) I (hear) _____ the good news and (come) _____ to talk to you.

(3) I (meet) _____ my wife, when I (live) _____ in Canada for a year.

2. 次の英文が日本語の意味に合うように、（　）内に適当な語（句）を入れましょう。

(1) 私が目覚めた時、まだ外は暗かった。
When I (　　　　　　), it (　　　　　　) still dark outside.

(2) 昨夜7時ごろ、あなたは何をしていましたか。
What (　　　　　　) around 7 last night?

(3) 私が帰宅した時、猫は夕飯を食べていた。
When I (　　　　　　) back home, my cat (　　　　　　) dinner.

3. 次の会話文の返答に合う質問文を完成させましょう。

(1) Q: *What* _____?
   A: I was studying in the library.

(2) Q: *Where* _____?
   A: I was at home around that time.

Step 6. Translation

日本ペットフード協会の調査によると、2019 年から 2020 年にかけて、飼い犬の数は 14%、飼い猫の数は 16%増加しています。同協会はこの増加理由を、隔離生活による孤独感、つまり人々がペットによる癒しや安らぎを渇望したためだと説明しています。しかし、社会的な生活を取り戻すにつれ、飼い主は新しく迎えた友人を見捨て始めているのです。

Column

苦い思い出

梅垣　昌子

　高校のころは部活動に明け暮れていましたが、「英語だけはマスターしたい」という漠然とした思いがありました。でも、文法書や参考書が溢れていて、どうしたらよいのかわかりません。そんな時、友人に勧められたのが、英単語の音声テープでした。その頃ちょうど、学校の教科書だけでなく、時事問題を取り上げた英語のニュース記事を読むことに挑戦し始めたのですが、自分の語彙力のなさに愕然としていたのです。今でも単語を読み上げる男性の低音の声をまざまざと思い出せるのですが、記憶に残っている単語は一つだけ。"abandon" です。もう、おわかりでしょう。このカセットテープは、アルファベット順に単語を読み上げていく方式で、受験に必要な英語を網羅的にマスターするという主旨のものだったのです。文脈から切り離された無味乾燥なトレーニングでは、Z まで辿り着く前に挫折します。繰り返し聞くのは、最初のほうの単語だけ。やる気はあるのに徒労に終わるという悲劇的なケースです。語彙の拡大は最重要課題。だからこそ、自分に適した最善の方法で行う必要があります。たとえば、「こんなテーマのものを英語で読みたい」を出発点に、それを読むのに必要な語彙を集中的に自分のものにしていく。文脈と結びついた言葉は自分の血と肉となり、容易には忘れません。この自分なりのテーマを開拓することは、自分自身を知ることにもつながります。大学での学びにむけて、最初の一歩を踏み出しましょう！

5 The Price of Privacy in Japan
Are you willing to pay for being alone?

Step 1. 🔊 Listen and take notes
音声を 2 回聴きましょう。下の単語や表現が聴き取れたら、各ボックスにチェックを入れましょう。またこの文章内での意味を考えましょう。

		Notes
☐ naturally	[nǽtʃərəli]	
☐ privacy	[práɪvəsi]	
☐ populated	[pá:pjəlèɪtɪd]	
☐ customer	[kʌ́stəmər]	
☐ charge	[tʃá:rdʒ]	
☐ cubicle	[kjú:bɪkl]	
☐ at a price	[ət ə práɪs]	

Step 2. 🔊 Listen and fill in the blanks
再度ニュースを聴いて、下の文章の空欄にそれぞれ適当な語を 1 語ずつ書き入れましょう。

As an island nation with a [　　　　] population, Japan is naturally one of the countries where personal space is often [　　　　] to secure. But the [　　　　] of finding privacy in such a densely populated area has led to the development of some [　　　　] industries in Japan. In internet cafes, customers pay the charges for a personal cubicle to work, study or relax [　　　　]. Karaoke boxes offer space for singing [　　　　] as [　　　　] as you like. These services, however, often come at a price.

Step 3. 🔊 Shadowing & translation practice
Step 2 で完成させた文章を見ながら音声を聴いて、まずは英語でのシャドーイングの練習をしましょう。慣れたらサイト・トランスレーションの練習をしてみましょう。
和訳例は 20 ページにあります。

First Step to College English 17

Step 4. 📖 Grammar

現在完了形（have/has + 過去分詞）

> **POINT**
> 現在形は現在の事実、過去形は過去の出来事を表すことが多いですが、**現在完了形**で表されるのは、主に**過去のある時点から現在へのつながり（時間の幅）**です。

✓ **完了・結果用法：「〜したところだ、〜してしまった（その結果今は...）」**
過去のある時点で出来事が**完了**し、その**結果**として現在でも同じ状態であることを表すことができます。

The bus **has** finally **arrived**.
バスがようやく到着しました。（今もバスがバス停に停車している。）

✓ **経験用法：「（今までに）〜したことがある」**
過去のある時点から現在に至る期間に、ある出来事が起こった**経験**があるかを伝えるときに用います。出来事が具体的にいつ起こったかは重要ではありません。

I **have seen** ghosts twice.
私は幽霊を 2 回見たことがあります。

✓ **継続用法：「ずっと〜している、〜し続けている」**
現在進行形が「今現在」の一時的な進行状況を表すのに対して、**現在完了形**は過去から現在まで状態が一定期間継続していることを表すことができます。また、**動作が継続している**ことを伝えるときは、**現在完了進行形**を用います。

She **has been** sick all day.
彼女は今日一日、ずっと具合が悪いです。

How long **have** they **been working** here?
彼らはどれくらい長くここで働いていますか？

First Step to College English

Step 5. Exercises

1. 次の英文が日本語の意味に合うように、（　）内に適当な1語を入れましょう。

(1) 叔母は腕を骨折しています。
My aunt (　　　) (　　　) her arm.

(2) 私は以前あの選手を見たことがありますが、名前を思い出せません。
I (　　　) (　　　) that player before, but I can't remember her name.

(3) 予約が完了しました。
The reservation (　　　) (　　　) (　　　).　　*complete 〜を完了する

(4) あなたの家族はどれくらい長くこの街に住んでいますか。
How long (　　　) your family (　　　) in this town?

2. 下の表を参考にしながら、次の各組の英文がほぼ同じ意味になるように、（　）内に適当な1語を入れましょう。

(1) Charlotte got sick three days ago and she is still sick now.
Charlotte (　　　) (　　　) sick (　　　) three days.

(2) My friend lost her phone and she can't find it yet.
My friend (　　　) (　　　) her phone.

(3) I went to Auckland three years ago and this year I went there again.
I (　　　) (　　　) to Auckland (　　　).

(4) It was cloudy in Belfast yesterday and it is still cloudy there today.
It (　　　) (　　　) cloudy in Belfast (　　　) yesterday.

現在完了形とよく用いられる副詞（句）表現

完了・結果	already「もうすでに」, just「ちょうど」, not ... yet「まだ〜ない」
経験	Before「以前に」, ever「今までに」, never「一度も〜ない」, once「1回」, twice「2回」, ... times「〜回」
継続	for ...「〜の間」, since ...「〜以来」

Step 6. Translation

人口が多い島国である日本は、当然ながらパーソナルスペースの確保が難しいことが多い国の一つです。しかし、そんな人口密度の高い地域でのプライバシーを手にいれることの難しさによって、日本ではいくつかの変わった産業が発展することになったのです。インターネットカフェでは、お客さんが料金を支払って、仕事や勉強、リラックスするための個室を利用します。カラオケ店では、好きなだけ大声で歌えるスペースが用意されています。しかし、これらのサービスを利用すると相当な料金になることがよくあります。

Column

英語学習を楽しむこと

渥美　瑠奈

　みなさん、英語を学習する上で心がけていることはありますか？
　ここでは、私が学生時代に行っていた英語学習の経験から学んだ「英語学習を楽しむこと」をみなさんにお伝えします。
　その「英語学習を楽しむこと」とは、英語と自分の好きなものを関連付け、楽しく英語に触れる機会を増やすことです。楽しく英語を学習するきっかけとなったのは私が高校生の時でした。英語の先生が英語で日記を書くことを提案してくださり、毎日、その日の出来事や感じたこと、好きなテーマについて何でも自由に書きました。先生にその日記を添削していただき、単語や表現を新たに学ぶことはもちろん、ライティングの面白さを学び、コツコツと継続できる、自分に合った学習方法を見つけることができました。
　また、私はよく授業時間外に個別に先生のもとに行き、楽しく雑談や授業内容に関しての議論をしていました。ありがたいことにマンツーマン授業のような時間を設けていただいて、楽しい時間の中で英語を学び、英語学習をさらに促進する貴重な機会でした。英語の授業で学ぶことや机に向かって学習する以外にも、自分が楽しんで学ぶ機会を作ることで、苦なく、英語学習を続けることができました。
　このように、楽しさを取り入れた学習方法を通して学びの幅が広がり、その経験は今でも活かされています。みなさんもぜひ、自ら英語に触れる機会を増やし、ご自身に合った楽しい学習方法を見つけてみてくださいね。

6 Decreasing Population in Japan
Are government benefits the best solution?

Step 1. 🔊 **Listen and take notes**
音声を 2 回聴きましょう。下の単語や表現が聴き取れたら、各ボックスにチェックを入れましょう。またこの文章内での意味を考えましょう。

☐ critical	[krítɪkl]	**Notes**
☐ worsen	[wə́:rsn]	
☐ phenomenon	[finá:mənà:n]	
☐ first-hand	[fə́:rsthǽnd]	
☐ crucial	[krú:ʃəl]	
☐ statistics	[stətístɪks]	
☐ review	[rɪvjú:]	

Step 2. 🔊 **Listen and fill in the blanks**
再度ニュースを聴いて、下の文章の空欄にそれぞれ適当な語を 1 語ずつ書き入れましょう。

The decreasing population in Japan is one of the most [   ] and critical societal issues that has been worsening for years. Extensive research has [   ] been conducted on the [   ] of this phenomenon, including surveys with [   ] citizens to [   ] first-hand data. It is crucial to consider [   ] [   ] and important statistics when reviewing Japan's population.

Step 3. 🔊 **Shadowing & translation practice**
Step 2 で完成させた文章を見ながら音声を聴いて、まずは英語でのシャドーイングの練習をしましょう。慣れたらサイト・トランスレーションの練習をしてみましょう。
和訳例は 24 ページにあります。

Step 4. 📖 Grammar

過去完了形（had + 過去分詞）

POINT
現在完了形が**過去のある時点から現在へのつながり**を表すのに対して、**過去完了形**で表されるのは**さらなる過去から過去のある時点までのつながり**です。

✓ **過去のある時点までの完了・結果、経験、継続**
現在完了形の基準点である現在を過去の一時点へずらした用法です。現在完了形と同様に**完了・結果、経験、継続**の3つの用法があります。

1. 完了・結果
It **had stopped** raining when I left home.
私が家を出るときには、雨はやんでいた。

2. 経験
The mayor **had been elected** twice when she was chosen as a presidential candidate.
大統領候補に選ばれたときに、彼女は市長に2回当選していた。

3. 継続
I **had lived** in Seoul for three years when I moved to Wellington.
私はウェリントンに引っ越すまで、ソウルに3年間住んでいた。

✓ **過去のあるときより前に起こった出来事（大過去）**
過去に起こった2つの出来事の前後関係をはっきりさせるために、先に起こった出来事を過去完了で表すことがあります。文脈から2つの出来事の順番が明らかな場合には過去形で代用することが多いです。

I accidentally sold a book. I **had borrowed** it from my classmate last week.
= I accidentally sold a book (that) I **had borrowed** from my classmate last week.
私は間違って本を売ってしまった。私は先週、それをクラスメートから借りていた。

Step 5. ✎ Exercises

1. 次の英文の（　）内の動詞を適当な形に直しましょう。

(1) Her parents (be) .... married for eight years when she was adopted.

(2) The game (just begin) .... when we got to the stadium.

(3) Carlos arrived at work early in the morning and found that somebody (break) .... into the office during the night.

(4) I didn't want to go to the theater with them because I (see) .... the play before.

2. 次の英文が日本語の意味に合うように、（　）内に適当な1語を入れましょう。

(1) ニーナは旅行中に撮った写真を私に見せてくれました。
Nina (　　　) me some photos which she (　　　) (　　　) during her trip.

(2) コートニーが公園に着いたとき、私は30分間バスケットボールをしていました。
I (　　　) (　　　) (　　　) basketball for half an hour when Kourtney (　　　) at the park.

(3) ジョシュアはそれを以前に見たことがあったので、すぐに理解することができました。
Joshua (　　　) able to understand it quickly since he (　　　) (　　　) it before.

(4) ケイシーとテイラーは高校生の頃から付き合っていたので、別れてしまうとは誰も思っていませんでした。
Nobody expected Casey and Taylor to break up because they (　　　) (　　　) (　　　) since they (　　　) in high school.　　*date 交際する、付き合う

(5) ケイトが謝ったとき私はすでに許していました。
I (　　　) (　　　) (　　　) Kate when she (　　　).

(6) 私は20歳になるまで、一度も海外に行ったことがなかった。
I (　　　) (　　　) (　　　) abroad until I (　　　) 20 years old.

First Step to College English

Step 6. Translation

日本の人口減少は、長年にわたって悪化している最も重要かつ重大な社会問題の一つです。このような現象が起こる原因については、一次情報を収集するために市民を対象とした調査など、すでに広範な研究が行われています。日本の人口を入念に検討する際には、主要な特徴や重要な統計データを考慮することがきわめて重要です。

Column

"[N]obody out-Belles our Belle."（うちのベルは最強）

今井　康貴

　タイトルの英文は、2021年にある映像配信サービスで視聴したドラマで出会ったフレーズです。高校の演劇部で *Beauty and the Beast* を上演する生徒が、上演演目が被っている隣校の演劇部生徒と言い争いになったシーンのセリフで、「私たちの学校の Belle 役（主役）の生徒よりも Belle にふさわしい人は誰もいない」という意味になります。（該当のドラマとそのシーンを見つけた人はぜひ入学後に教えてください。）

　このセリフを聞いたときに、私の頭には大学で受けた授業の記憶が蘇りました。そこでは英語の造語力の豊かさを説明するために、16-17世紀に活躍した劇作家 Shakespeare の *Hamlet* から、"[I]t out-Herods Herod."（それはヘロデ王も顔負けの暴君ぶりだ）という一節が紹介されました。接頭辞 *out-* の後に人名を置いて、「〜に特徴的と考えられている性質の点で〜を上回る」という意味の動詞になるという例です。ちなみに Herod は紀元前1世紀のユダヤ地域の王で、例えば、生後間もないキリストを殺すために、周辺地域の2歳以下の男子全てを殺戮したと新約聖書が伝えるように、暴君として広く知られています。

　文法や語彙に加えて、キリスト教文化（Herod）や、英語文学（*Hamlet*）、そして現代の大衆文化（Belle）の知識によって、*out-Belle* という表現をより深く味わうことが可能になります。まさに大学で学んだ英語話者文化圏の百科事典的知識が、卒業してからの何気ない英文読解に活きた瞬間でした。

7 Transforming Japan's Corporate Culture
From Collectivism to Individualism

Step 1. 🔊 **Listen and take notes**
音声を2回聴きましょう。下の単語や表現が聴き取れたら、各ボックスにチェックを入れましょう。またこの文章内での意味を考えましょう。

☐ infamous [ínfəməs]
☐ reputation [rèpjətéɪʃən]
☐ intense [ɪnténs]
☐ overwhelming [òuvərwélmɪŋ]
☐ conform [kənfɔ́ːrm]
☐ persist [pərsíst]
☐ mend [ménd]

Notes

Step 2. 🔊 **Listen and fill in the blanks**
再度ニュースを聴いて、下の文章の空欄にそれぞれ適当な語を1語ずつ書き入れましょう。

Japanese work and company [   ] has an infamous reputation for being extremely intense and overwhelming. The pressure to conform coupled with a stressful [   ] [   ] can [   ] employees [   ] [   ] from extreme mental and physical health problems. While some of these issues still persist today, Japan has been trying to mend a lot of these problems by [   ] new laws that protect workers' [   ].

Step 3. 🔊 **Shadowing & translation practice**
Step 2 で完成させた文章を見ながら音声を聴いて、まずは英語でのシャドーイングの練習をしましょう。慣れたらサイト・トランスレーションの練習をしてみましょう。
和訳例は28ページにあります。

Step 4. 📖 Grammar

未来表現

I'm going to study abroad after graduation. I've been dreaming of it since I was little.

I've never thought about my future, but I'll work in an office, then.

- ✓ **will do**
  1. **単純未来「〜するだろう」**
     My sister **will be** 25 next week.
     わたしの姉は来週25歳になります。

  2. **その場で決めた意志未来「（今決めて）〜するつもりです」**
     I've never thought about my future, but I**'ll work** in an office, then.
     将来について考えたことはなかったけど、オフィスで働くことにします。

- ✓ **be going to do**
  1. **近い未来の予測「（なんらかの要因があって）〜しそうです」**
     My wife **is going to have** a baby in a few days.
     数日すれば、私の妻に赤ちゃんが生まれます。

  2. **前もって考えていた意図「（前から計画していて）〜するつもりです」**
     I**'m going to study** abroad after graduation. I've been dreaming of it since I was little.
     私は卒業後に海外留学するつもりです。小さいころからそのことを夢見ていたので。

- ✓ **現在形**
  確定的な未来の予定「（個人の意思に関わらずほぼ必ず）〜する予定です」
  Her mother **retires** next year.
  彼女のお母さんは来年定年退職します。

- ✓ **現在進行形**
  近い未来の個人的な予定「（すでにその準備が進んでいて）〜する予定です」
  My grandchildren **are visiting** me this evening.
  私の孫たちが今夜、私を訪ねてきます。

Step 5. ✎ Exercises

1. 次の各組の英文のうち、日本語の意味に合うほうを選びましょう。

(1) （前から計画していて）10月に結婚式があります。
 (a) The wedding ceremony will be held in October.
 (b) The wedding ceremony is going to be held in October.

(2) （根拠はないが）彼女は明日、家にいないだろう。
 (a) She won't be home tomorrow.
 (b) She's not going to be home tomorrow.

(3) （以前からの予定で）私は明日レポートを提出するつもりです。
 (a) I will hand in a report tomorrow.
 (b) I'm going to hand in a report tomorrow.

(4) （家族で食事中に突然呼び鈴がなったときに）私が出ます。
 (a) I'll get the door.
 (b) I'm going to get the door.   *get the door（来客を迎えるために）玄関に出る

2. 次の英文が日本語の意味に合うように、（　）内に適当な1語を入れましょう。

(1) アレックスはプロムに青いドレスを着ていくつもりです。
 Alex (　　　) (　　　) (　　　) (　　　) a blue dress to prom.
 *prom プロム、卒業記念ダンスパーティー

(2) 明日、雨は降らないだろう。
 (　　　) (　　　) rain (　　　).

(3) 来年、私のいとこは25歳になります。
 My cousin (　　　) (　　　) 25 years old (　　　) (　　　).

(4) 今夜、あなたは外食するつもりですか。
 (　　　) you (　　　) (　　　) eat out (　　　)?

(5) 飛行機は今日の朝10時に離陸します。
 The plane (　　　) off at 10 (　　　) (　　　).

(6) 私は新しい家を買ったので、近いうちに引っ越す予定です。
 I've bought a new house and (　　　) (　　　) in very soon.
 *move in 引っ越す

Step 6. Translation

日本の職場や企業文化は、非常に過酷で圧倒的なことで悪名高いです。同調圧力は、ストレスの多い職場環境と相まって、極度の心身の健康障害に社員が悩む原因になり得ます。こういった問題の一部が未だに根強く残る一方で、労働者の権利を守る新たな法律を加えることにより、日本は多くの問題を修復しようと試みています。

Column

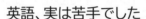

英語、実は苦手でした

奥田　俊介

　一年生の英語精読の講義を受け持っている私ですが、英語は苦手な科目の一つでした。高校のテストは範囲が決まっているため何とかこなすことができましたが、模試になると偏差値が40を切ることもざらで、何をやればいいのかということもわからなかった高校生の頃を思い出します。
　特に、リーディングの力を引き上げてくれたのは、一にも二にも「単語をひたすら覚える」ことであったように思います。高2の夏、近所の小さな塾に通っていた（予備校に行ったことがない）私は、「英単語帳一冊を夏休みで全部覚える」ことを課され、死ぬ気で取り組みました。するとどうでしょう、夏休み明けの模試で偏差値が25も上がったのです。結局、わからない単語が多すぎるから読む気にもならないし読むこともできない、という悪循環に陥っていたのだな、ということに気づきました。
　大学進学以降、さらにリーディング力を伸ばしてくれたのは、「多読」でした。ゼミで課される文献は全て英語であり、時には週百ページ以上課される課題文献を必死に読みこなす中で自然と読むスピードは上がり、よく使われる表現がわかるようになり…。文章の質にこだわる必要もありますが、大事なのは英語を読むこと自体に「慣れる」ことかな、とも思います。
　入学後、皆さんは英語力をみっちり鍛えていくことになります。その準備として、「語彙を増やす」ことと「英語を読む習慣をつける」ことをお勧めします。しっかり準備をして、大学生活のスタートをうまく切りましょう！

8 Is Japan Aware Our House Is on Fire?
A glimpse into climate change activism in Japan

Step 1. 🔊 Listen and take notes
音声を 2 回聴きましょう。下の単語や表現が聴き取れたら、各ボックスにチェックを入れましょう。またこの文章内での意味を考えましょう。

☐ organization	[ɔ̀ːrɡənəzéɪʃən]	**Notes**
☐ inspire	[ɪnspáɪər]	
☐ climate	[kláɪmət]	
☐ strictly	[stríktli]	
☐ impact	[ímpækt]	
☐ movement	[múːvmənt]	
☐ erupt	[ɪrʌ́pt]	

Step 2. 🔊 Listen and fill in the blanks
再度ニュースを聴いて、下の文章の空欄にそれぞれ適当な語を 1 語ずつ書き入れましょう。

Fridays for Future is an organization which was started in August of [   ] by Greta Thunberg, a 16-year-old Swedish girl, who has inspired millions to take a stand [   ] climate change. The [   ] of the movement is to make sure that governments around the world strictly [   ] the goals [   ] in the Paris Agreement. The impact of the Fridays for Future movement seems to have erupted in [   ] and America, but can the same be said for Japan?

Step 3. 🔊 Shadowing & translation practice
Step 2 で完成させた文章を見ながら音声を聴いて、まずは英語でのシャドーイングの練習をしましょう。慣れたらサイト・トランスレーションの練習をしてみましょう。
和訳例は 32 ページにあります。

Step 4. 📖 Grammar

受動態（1）

People speak English in Singapore.
⇕
English *is spoken* in Singapore.

- ✓ **受動態とは**　受動態は「～される/されている」という受身の意味を表します。

- ✓ **受動態の文**　〈主語〉＋〈be 動詞〉＋〈過去分詞〉
  English **is spoken** in Singapore.
  シンガポールでは英語が話されています。

- ✓ **いつ用いる？**　動作を受ける人や物事、すなわち「～される」方を話題にするときに用います。

- ✓ **受動態が使われる場面**

  ◆ 「～する」側の人・物が不特定多数の一般の人達、あるいは明らかではない場面
  Wikipedia articles are browsed by many people.
  ウィキペディアの記事は多くの人に閲覧されます。

  ◆ 「～される」側の人・物を主語にすると文と文の意味のつながりがよくなる場面
  Look at this photo. It was taken by my friend.
  この写真を見てください。それは私の友人によって撮影されました。

  ◆ **ニュースや記事などで、事故や事件で被害を受けた人や物に重点をおく場面**
  Little children were injured in the accident.
  幼い子ども達がその事故でけがを負いました。

  ◆ **感情を表すとき**
  I was so surprised to hear the breaking news.
  わたしはその速報を聞いてとても驚きました。

Step 5. ✎ Exercises

1. 次の英文が日本語の意味に合うように、（ ）内に適当な1語を入れましょう。

(1) この単語はそれほど頻繁に使われません。
    This word (　　　) (　　　) (　　　) very often.

(2) 彼女はカリフォルニアで生まれました。
    She (　　　) (　　　) in California.

(3) タロウはパーティに招待されました。
    Taro (　　　) (　　　) to the party.

2. 次の英文が日本語の意味に合うように、（ ）内の語を並べ換えましょう。文頭の語は大文字ではじめましょう。

(1) チーズは乳から作られます。(from / milk / is / cheese / made).

_____

(2) 教室は毎日掃除されます。(is / classroom / cleaned / the / every day).

_____

(3) 電話はいつ発明されましたか。(invented / telephone / when / was / the)?

_____

3. 次の英文を受動態を用いて書き換えましょう。

(1) A puppy chased my daughter in the park.

_____

(2) A super typhoon hit the island.

_____

(3) They sell mint-flavored ice cream at that station.

_____

Step 6. Translation

Fridays for Future（未来のための金曜日）は、スウェーデンの 16 歳の少女グレタ・トゥーンベリさんが 2018 年 8 月に始めた団体で、彼女は多くの人々を扇動して気候変動に立ち向かおうとしています。この活動の目的は、世界中の政府がパリ協定で示された目標を厳格に遵守することです。この Fridays for Future による運動は、欧米で大きな反響を呼んでいるようですが、日本でも同じことが言えるのでしょうか。

Column

身の丈に合わない本

甲斐　清高

　それはもう昔の話になりますが、わたしが大学に入って間もなく、英語力を向上させるには洋書を一冊読むのが良い、と聞き、そもそも英文科に入ろうと思っていたこともあり、とりあえず何か一冊読破しようと、軽い気持ちで選んだのが、ジョン・アーヴィングの『ガープの世界』(John Irving, *The World According to Garp*)です。この本を原作にした映画が、すごく面白かったから、という理由からでした。この時期の自分の英語力には見合っていない選択で、辞書を片手にゆっくりゆっくり（毎日読んでいたわけでもありません）、500 頁くらいある分厚い本を読み進めていき、読了まで数か月かかりました。いま考えると、英語力も知識も足りなかったので、間違いだらけで読みすすめていたに違いありません。

　それでも、長い洋書を一冊読むことで、少なくとも英語を読む力はかなり向上したのではないか、という気がしています。偏りはありますが語彙は増えたし、文章を理解するのが早くなったのは確かです。教科書を読むのとは違って、原書ならではの英語の使われ方について、いろいろな発見もあり、また、きちんと理解していなかったとはいえ、読み終わったときの達成感はとても大きかったように思います。向き不向きもあるでしょうが、本に限らず、身の丈に合わないものに挑戦するのも良いのではないか、と思ったりもします。

9 Pictograms: Wordless Communication
What do people think of these practical pictures?

Step 1. 🔊 Listen and take notes
音声を 2 回聴きましょう。下の単語や表現が聴き取れたら、各ボックスにチェックを入れましょう。またこの文章内での意味を考えましょう。

			Notes
☐	physical	[fízɪkl]	
☐	accompany	[əkʌ́mpəni]	
☐	various	[véəriəs]	
☐	public	[pʌ́blɪk]	
☐	convey	[kənvéɪ]	
☐	at a glance	[ət ə glǽns]	
☐	as a result	[əz ə rɪzʌ́lt]	

Step 2. 🔊 Listen and fill in the blanks
再度ニュースを聴いて、下の文章の空欄にそれぞれ適当な語を 1 語ずつ書き入れましょう。

Pictograms or "pictographs" are [　　　　] pictures resembling some physical objects or actions. They are the small images that accompany the various signs for bathrooms, bus stops, and various other public services. They convey the image [　　　　] and easily, being [　　　　] at a glance. One can [　　　　] an image of a bus, bathroom or bank with ease, almost subconsciously. As a result, pictograms can [　　　　] for ease of access for signage, notifying the [　　　　] without a necessary translation.

Step 3. 🔊 Shadowing & translation practice
Step 2 で完成させた文章を見ながら音声を聴いて、まずは英語でのシャドーイングの練習をしましょう。慣れたらサイト・トランスレーションの練習をしてみましょう。
和訳例は 36 ページにあります。

First Step to College English

Step 4. 📖 Grammar

受動態（2）

The roof is being painted. The roof has been painted.

- **現在進行形の受動態**

    〈be 動詞〉＋〈being〉＋〈動詞の過去分詞〉「～されている/～されつつある」
    ある特定の動作が進行中で、完了していないことを表します。
    The roof **is being painted**.
    屋根はペンキが塗られている最中です。

- **現在完了形の受動態**

    〈has / have〉＋〈been〉＋〈動詞の過去分詞〉「～された」
    ある特定の動作が完了したことを表します。
    現在完了形の受動態で表わされる動作は**完了した結果を現在も見ることができます**。
    The roof **has been painted**.
    屋根にペンキが塗られました。

- **使役動詞 make, have, get を用いた表現**

    〈make〉＋〈目的語〉＋〈動詞の過去分詞〉
    How can we **make our voice heard** in the British Embassy?
    どうすれば我々の声を英国大使館にとどけることができるでしょうか。
    「声」が「とどけられた」という受動関係

    〈have〉＋〈目的語〉＋〈動詞の過去分詞〉
    I **had my watch repaired**.
    わたしは時計を修理してもらいました。
    「時計」が「修理された」という受動関係

    〈get〉＋〈目的語〉＋〈動詞の過去分詞〉
    Bob **got his bicycle stolen**.
    ボブは自転車を盗まれました。
    「自転車」が「盗まれた」という受動関係

Step 5. ✏ Exercises

1. 次の英文が日本語の意味に合うように、（　）内に適当な1語を入れましょう。

(1) この橋は現在建設中です。
This bridge (　　　　) (　　　　) (　　　　) now.

(2) 公園の芝生が刈られました。
The grass in the park (　　　　) (　　　　) (　　　　).
*mow（作物など）〜を刈る

2. 次の英文が日本語の意味に合うように、（　）内の語を並べ換えましょう。文頭の語は大文字ではじめましょう。

(1) 彼のパソコンは修理中です。(repaired / his / computer / being / is).
_____

(2) わたしは散髪屋で髪を切ってもらいました。(barber / cut / my / hair / had / I / at / the).
_____

(3) あなたの日本語は通じますか。
(you / understood / make / in / can / yourself / Japanese)?
_____

3. 次の英文を受動態・能動態のいずれかにしましょう。

(1) Nick is reading a poem aloud.
_____

(2) This flower has been sketched by my cousin.
_____

(3) What language do people speak in Italy?
_____

Step 6. Translation

ピクトグラムまたは「ピクトグラフ」は、何らかの物理的な物や動作に似た便利な絵です。トイレやバス停など、さまざまな公共サービスの標識に添えられている小さな図のことです。それらは一目でわかりやすいので、素早く簡単に概念を伝えることができます。バスやトイレ、銀行などの絵は、ほぼ無意識に認識することができます。そのため、ピクトグラムは翻訳を必要とせずに意味を知らせ、標識を利用し易くすることができます。

Column

お勧めの参考書

川原 功司

　外国語習得に必要なのは、理解可能な多量のインプットです。それで、英語を習得するのに有効な方法の一つは、英文を分析し、その構造と意味を理解することができるようになることです。そのためには、文法を活用して英語を読み、それを覚えていくことが肝要です。それができる参考書があるので、今のうちにしっかり勉強してください。まず読み書きができれば、聴きとりや発話も向上していきます。頭にない知識は聴いても理解できませんし、定着しません。継続していきましょう。

初級:『ルールとパターンの英文解釈』伊藤和夫著　研究社（基礎の基礎から）
　　　『英文解釈クラシック』久保田智大著　研究社（英文の分析をしたい人に）
　　　『意味順英作文のすすめ』田地野彰著　岩波ジュニア新書（英作文を基礎の基礎から）
　　　『英語復文勉強法』田中健一著　ジャパンタイムズ出版（英作と英文理解）
中級:『英文解釈のテオリア』倉林秀男著　Ｚ会（本格的な英文を読む基礎に）
　　　『英語の読み方』北村一真著　中公新書（色々な題材の英文を読む基礎に）
　　　『英文読解の透視図』篠田重晃他　研究社（英文構造の分析力養成）
　　　『テーマ別英文読解教室』伊藤和夫著　研究社（英文を読む練習に）
上級:『英文解体新書』北村一真著　研究社（真の上級者への第一歩に）
　　　『上級英単語ロゴフィリア』北村一真・八島純　アスク出版（知識向上！）

10 The Future of Literacy
A look into Japan's modernizing readership

Step 1. 🔊 **Listen and take notes**
音声を 2 回聴きましょう。下の単語や表現が聴き取れたら、各ボックスにチェックを入れましょう。またこの文章内での意味を考えましょう。

			Notes
☐	interest	[íntərəst]	
☐	controversial	[kà:ntrəvə́:rʃəl]	
☐	modern	[má:dərn]	
☐	analyze	[ǽnəlàɪz]	
☐	literature	[lítərətʃər]	
☐	remarkable	[rɪmá:rkəbl]	
☐	data	[déɪtə]	

Step 2. 🔊 **Listen and fill in the blanks**
再度ニュースを聴いて、下の文章の空欄にそれぞれ適当な語を 1 語ずつ書き入れましょう。

The loss of interest [　　　　] [　　　　　　] among young people and shift away from books, especially from fiction, has become a very controversial topic in modern Japan. To analyze how frequently young Japanese people read books, we [　　　　　] data from NUAS university. We asked how much literature students read in any format excluding manga, visual novels, or magazines. The results of the research are remarkable. About [　　　　　] % of NUAS students do not read books for more than 1-2 hours a week. At the same time, about [　　　　　] % of those surveyed do not read books at all.

Step 3. 🔊 **Shadowing & translation practice**
Step 2 で完成させた文章を見ながら音声を聴いて、まずは英語でのシャドーイングの練習をしましょう。慣れたらサイト・トランスレーションの練習をしてみましょう。
和訳例は 40 ページにあります。

First Step to College English

Step 4. Grammar

助動詞

I can play baseball well.

✓ **助動詞とは** 助動詞は動詞を助けます。動詞と一緒に用いて動詞の意味を補足し、会話や文章で気持ちや考えなどのニュアンスを表します。

✓ **助動詞の文** 〈主語〉+〈助動詞〉+〈動詞の原形〉
  Dick **can play** baseball well.
  ディックは上手に野球ができます。

✓ **よく用いられる助動詞**

  ◆ **can**：能力「〜できる」、可能性「〜があり得る」、許可「〜してもよい」
   Teachers **can** make mistakes.
   先生が間違うことはあり得ます。（可能性）

  ◆ **may**：許可「〜してよい」、推量「〜かもしれない」
   Our plan **may** actually happen.
   我々の計画は実現するかもしれません。（推量）

  ◆ **must**：義務/必要「〜しなければならない」、推量「〜にちがいない」
   She **must** be tired.
   彼女は疲れているにちがいありません。（推量）

  ◆ **will**：意志「〜しよう」、依頼「〜してくれますか」
   I **will** go to the movie theater tomorrow.
   明日映画館へ行くつもりだ。（意志）

  ◆ **ought to**：義務/忠告「〜すべきだ」、推量「当然〜のはずだ」
   You **ought to** keep the promise.　あなたは約束を守るべきです。（義務）

Step 5. ✏ Exercises

1. 次の英文が日本語の意味に合うように、（　）内に適当な1語を入れましょう。

(1) ケンはとても速く泳げます。
   Ken (　　　) (　　　　　) very fast.

(2) この記事を複写してもよろしいでしょうか。
   (　　　) (　　　　) (　　　　　　) this article?

(3) わたしは明日までにこの仕事を終えなければなりません。
   I (　　　　) (　　　　　) the work by tomorrow.

2. 次の英文が日本語の意味に合うように、（　）内の語を並べ換えましょう。文頭の語は大文字ではじめましょう。

(1) 彼らの話は本当でしょうか。　(their / be / can / story / true)?

_____

(2) 夜更かししてはいけません。　(up / stay / not / late / do).

_____

(3) 窓を開けてくれますか。　(you / the / will / window / open), please?

_____

3. 次の英文が日本語の下線部の意味に合うように、Step 5. Grammar で学んだ助動詞を用いて書き換えましょう。

(1) 彼はミキのお兄さんに違いありません。He is Miki's brother.

_____

(2) 荷造りを手伝ってくれますか。Do you help me with the packing?

_____

(3) 彼女はまもなくバス停に到着するはずです。She arrives at the bus stop soon.

_____

Step 6. Translation

現代の日本では、若者の読書離れ、特に小説離れが物議を醸す話題となっています。日本の若者の読書頻度を分析するために、我々は名古屋学芸大学からデータを収集しました。マンガ、ビジュアルノベル、雑誌を除く文学作品を学生達がどの程度読んでいるのかを調査しました。その結果驚くべきことが判明しました。名古屋学芸大学の学生の約 75% が、1週間に 1～2 時間以上は本を読まないという結果が出ています。また、本を全く読まない人は全体の 46% にのぼります。

Column

英英辞書との出会い

高橋 佑宜

　皆さんは辞書を使っていますか？　そして、お気に入りの辞書はありますか？　新入生の皆さんとは主にリーディング科目でお会いすることが多いのですが、知らない単語や表現を調べる際に、辞書を積極的に使っているという学生は少ないように感じます。「積極的に」というのは、ただ単に日本語の意味を確認して終わりにするのではなく、書かれている説明を読みながら、調べている単語について該当する箇所を探していくことです。

　高校生の頃、僕は外国語を使えるようになることに憧れていました（とはいえ、外国語を使って「何を」したいのか、については何も考えていなかったのですが）。ある日、英語で英単語の説明がなされている「英英辞書」なる辞書があることを知ったのです。「英語で英語を理解する」という響きに惹かれた僕は書店に足を運びました。そこで出会ったのが、Collins Cobuild から出ていた学習者用の英英辞書でした。Cobuild は普通の英英辞書とは異なり、当該の単語を使って定義が書かれているユニークな辞書です。例えば、動詞 study を引くと、"If you **study**, you spend time learning about a particular subject or subjects." というように、単語そのものを使って説明がなされています。その日以来、知らない単語や意味が思い出せない単語に出会う度に、手に入れた辞書をひたすら引いて、説明を読んでいました。内容が理解できた瞬間はいつも嬉しかったのを覚えています。効率は良くなかったかもしれませんが、辞書を使い倒したことで自信に繋がりました。皆さんもお気に入りの辞書を見つけてみませんか？

11 The Voices of Socially Vulnerable
More caretakers and more manageable workloads

Step 1. 🔊 Listen and take notes
音声を2回聴きましょう。下の単語や表現が聴き取れたら、各ボックスにチェックを入れましょう。またこの文章内での意味を考えましょう。

- ☐ estimated [éstəmèɪtɪd]
- ☐ alongside [əlɔ́ːŋsàɪd]
- ☐ require [rɪkwáɪər]
- ☐ sort [sɔ́ːrt]
- ☐ aging [éɪdʒɪŋ]
- ☐ facility [fəsíləti]
- ☐ hold onto [hóʊld ɑːntə]

Notes

Step 2. 🔊 Listen and fill in the blanks
再度ニュースを聴いて、下の文章の空欄にそれぞれ適当な語を1語ずつ書き入れましょう。

According to the Ministry of Health, Labor and Welfare (MHLW), in 2020, the estimated number of people with [   ] in Japan was [   ] million, up nearly [   ] million from their last [   ] in 2013. This number will continue to rise alongside the [   ] age of the population. More and more people will soon be requiring some sort of care, meaning many families will become [   ] to their disabled and aging family members. Others are likely to begin looking for facilities or, at the very least, personal [   ] so that the younger [   ] can continue to hold onto their jobs without having to worry.

Step 3. 🔊 Shadowing & translation practice
Step 2 で完成させた文章を見ながら音声を聴いて、まずは英語でのシャドーイングの練習をしましょう。慣れたらサイト・トランスレーションの練習をしてみましょう。
和訳例は 44 ページにあります。

Step 4. 📖 Grammar

When と If

I will call you **when** I get home.
Don't worry, **if** you can't answer,
I will leave a message.

✓ **when は確実に起こる出来事、if は起こるかもしれない出来事を示します。**
　　時・条件を示す従属節の中では、未来のことでも現在形で示します。

If it doesn't rain tomorrow, I will walk to university. ← × If it won't rain tomorrow, ...
もし明日雨が降らなければ、私は大学まで歩いていくつもりです。

I will call you **when I get to the hotel**. ← × ... when I will get to the hotel
ホテルについたら、あなたに連絡します。

【その他覚えておきたい接続詞】

時を示す接続的表現 (**確実に起こる出来事**を示す)	条件を示す接続的表現 (**起こるかもしれない出来事**を示す)
after「〜してから」, before「〜する前に」, till [until]「〜するまで」, by the time「〜するまでに」, as soon as「〜するとすぐに」, since「〜して以来」	unless「もし〜でなければ」
once「〜するとすぐに」「いったん〜すると」 *時・条件の両方の意味を示します as「〜するとき（= when）」「〜するので（= because）」「〜するように」「〜するにつれて」など	

✓ **when が「いつ〜するか」や、if [whether]が「〜かどうか」という意味で用いる場合、未来のことは未来表現で示します。**

I wonder when the new computer **will** arrive.
新しいコンピュータがいつくるのだろう。

I don't know if Yusuke **will** attend the reunion.
私はユウスケが同窓会に出席するのかどうかを知らない。

First Step to College English

Step 5. ✏ Exercises

1. 次の英文が日本語の意味に合うように、（　）内の語句を選びましょう。

(1) （試験で早く解き終わってしまった学生に対して、）すべての問題を早く解いてしまったら、休憩しておいてください。
Please take a rest (if / when) you solve all the questions quickly.

(2) 食べ終わったら、このレストランを出ましょう。
Let's leave the restaurant (if / when) you finish eating.

(3) （体調がよくない友人に対して、）たくさん食べないと、元気にならないよ。
You won't get better (if / when) you don't eat plenty.

(4) 新しい野球場はいつ作られるのか知っていますか。
Do you know when the new baseball park (is / will be) constructed?

(5) 彼がその原稿を書き終えた後、私たちがそれをチェックするつもりです。
We will check the manuscript after he (finishes / will finish) writing it up.

2. 次の英文が日本語の意味に合うように、（　）内に入る適当な語句を a～h より選びましょう。

(1) 夕食を食べる前に手を洗いましょう。
Wash your hands (　　　　) you eat dinner.

(2) 私が次の指示を出すまで、その問題に答えるのを待ってください。
Please wait (　　　　) I give you the next instruction before answering.

(3) 私が戻ってくるまでに、その仕事を終わらせておいてください。
Finish the work (　　　　) I come back.

(4) その教授はいつも授業が終わったらすぐに教室を出ていきます。
The professor always leaves the classroom (　　　　) the class finishes.

(5) その日忙しくなければ、そのイベントに行きます。
I will go to the event (　　　　) I am busy on that day.

(a)	after	(b)	as soon as	(c)	before	(d)	by the time
(e)	if	(f)	until	(g)	unless	(h)	when

Step 6. Translation

厚生労働省によると、2020年段階で、障がいを抱える人の数は約970万人であり、2013年の調査から約300万人増加しています。平均年齢に従って、この数は増え続けていくでしょう。ますます多くの人が近いうちに何らかの介護を必要とするでしょう。このことは、多くの家庭が障害を抱えている家族や高齢の家族を介護する立場になることを意味します。また一方で、若い世代が心配せずに自分の仕事をできるように、施設や少なくとも介護士を探し始める人もいるでしょう。

Column

大好きな物語と共に英語を学ぼう

中土井 智

　皆さん、勉強は面白いですか？「好きこそ物の上手なれ」ということわざがあるように、何かを学ぶときのコツの一つは好奇心を持ち続けられるかどうかではないでしょうか。この事は英語学習においても例外ではありません。私は学生時代に、英語で書かれた物語を読む事で、英語のリーディング学習をそれまで以上に楽しく続けられるようになりました。

　20世紀前半に活躍したイギリスの作家にヴァージニア・ウルフという人がいます。この人が書いた『灯台へ』(*To the Lighthouse*)という小説では、登場人物の言動が様々な比喩を用いて表されています。例えば、作中に "a rain of energy"、"a column of spray" という表現がでてきます。これらが表しているのはなんと、ある登場人物が靴下を編みながら家族と会話している様子です。大学の英語文学の講座でこの一節を読んだ時、言葉は表現自体に意味があるのだということに気がつき、表現方法やその文脈上の意味をもっとよく理解したいと思いました。とはいえ、最初は原文の英語には全く歯が立ちませんでした。そこで英語と翻訳作品の日本語とを比較しながら、ゆっくり、何度も読みました。

　物語中の単語やフレーズは、それが登場する場面と一緒に覚えられるので記憶に留めやすいです。そして、ストーリーは英語を読む推進力になります。皆さんもぜひお気に入りの一冊を見つけてください。

12 Muslims in Japan
To understanding and cohabitation

Step 1. 🔊 Listen and take notes
音声を 2 回聴きましょう。下の単語や表現が聴き取れたら、各ボックスにチェックを入れましょう。またこの文章内での意味を考えましょう。

		Notes
☐ Muslim	[mʌ́zləm]	
☐ resident	[rézədənt]	
☐ prominent	[prá:mənənt]	
☐ reality	[riǽləti]	
☐ current	[kə́:rənt]	
☐ integrate	[íntəgrèɪt]	
☐ minority	[mənɔ́:rəti]	

Step 2. 🔊 Listen and fill in the blanks
再度ニュースを聴いて、下の文章の空欄にそれぞれ適当な語を 1 語ずつ書き入れましょう。

The Muslim population is growing in Japan, but Japan does not seem [   ] for it. According to the Japan Muslim Travel Index 2017 (JMTI), the number of Muslim travellers to Japan was [   ] to increase from 150,000 in 2004 to 1.4 million in 2020. [   ], according to the data provided by the Ministry of [   ], there are 121,709 foreign residents from countries with a high Muslim population, ten times more than in 1990. Although the Muslim population in Japan is clearly growing, the reality is not [   ] in the current social and cultural [   ] for integrating minorities.

Step 3. 🔊 Shadowing & translation practice
Step 2 で完成させた文章を見ながら音声を聴いて、まずは英語でのシャドーイングの練習をしましょう。慣れたらサイト・トランスレーションの練習をしてみましょう。
和訳例は 48 ページにあります。

Step 4. 📖 Grammar

仮定法（1）仮定法過去・仮定法過去完了

「仮定法」と聞いて、皆さんはどのようなことを想像しますか？
「仮定法」とは、「もしも〜だったら」「そうだったいいのにな」の世界を表します。したがって、**仮定法の文は事実と異なることを述べている**ということが重要になってきます。仮定法の文では、事実と異なることを述べていることを示すために、**動詞の時制は1つ前の時制にずれる**ことも覚えておきましょう。

- ✓ **仮定法過去「もし（今）〜ならば、…なのに」**
  現在の事実に反することを述べるときは、**過去形**を用いて表します。

【仮定法過去の形】

> If＋主語＋{動詞の過去形 / were [was]} 〜, 主語＋{would / could / might}＋動詞の原形 …

If I had a lot of money, I could buy a new car.
もしたくさんお金を持っていたら、私は新しい車を買えるのに。（仮定）
⇒お金を持っていないので、私は新しい車を買うことができない。（事実）

- ✓ **仮定法過去完了「もし（あのとき）〜だったならば、…だったのに」**
  過去の事実に反することを述べるときは、**過去完了形**を用いて表します。

【仮定法過去完了の形】

> If＋主語＋had 過去分詞 〜, 主語＋{would / could / might}＋have 過去分詞 …

If I had got up earlier, I would not have missed the train.
もしもう少し早く起きていたら、その電車に乗り遅れなかったのに。（仮定）
⇒早く起きられなかったので、その電車に乗り遅れてしまった。（事実）

Step 5. ✏ Exercises

1. 次の英文が日本語の意味に合うように、（ ）内に適当な語を入れましょう。

(1) 私があなたの立場だったら、その仕事をやめてしまうかもしれない。
If I (　　　) in your position, I (　　　) quit the job.

(2) 私たちがあと3日早く誘っていれば、シュウはそのパーティーに参加できたのに。
If we (　　　) (　　　) him three days earlier, Shu (　　　) (　　　) participated in the party.

(3) その荷物がもう少し小さければ、機内に持ち込むことができるのに。
If the baggage (　　　) a little smaller, I (　　　) bring it onboard with me.

(4) それをもう一度チェックしていたら、私たちは間違いに気づいたかもしれない。
If we (　　　) (　　　) it again, we (　　　) (　　　) noticed the mistake.

(5) もし天気が悪くなかったら、より多くのお客さんがその展覧会に来ただろうに。
If the weather (　　　) not (　　　) so bad, more visitors (　　　) (　　　) come to the exhibition.

2. 次の英文を仮定法（if 節を含む文）を用いて書き換えましょう。

【例】I am not a bird, so I can't fly in the sky.

⇒If I were a bird, I could fly in the sky.

(1) I'm not an expert, so I don't know the good points of the work.

⇒

(2) I didn't go out yesterday because I felt so bad.

⇒

(3) I live in Nagoya City, and I can go to Nagoya Castle frequently.

⇒

(4) I received a bonus this month, so I bought a new electronic dictionary.

⇒

Step 6. Translation

日本国内のイスラム教徒の数は増え続けていますが、日本はそれに対する準備ができていないようです。Japan Muslim Travel Index（2017 年）によると、日本へのイスラム教徒の旅行者数は 2004 年の 15 万人から 2020 年の 140 万人まで増加すると見込まれています。さらに、法務省のデータによると、イスラム教徒が多い国からやってきた 12 万 1409 人の在留外国人がいて、これは 1990 年の 10 倍です。日本のイスラム教徒の人口は明らかに増えつつありますが、少数派を組み込むための現在の社会的・文化的政策には現実が反映されていません。

Column

海外ドラマで楽しくリスニング♪

新居　明子

　みなさんのなかには、「英語の映画やドラマを字幕なしで聞き取れるようになりたい」と考えている人も多いと思います。私は、今でこそ大学でリスニング科目の授業を担当していますが、大学生の頃はリスニングの学習をする機会があまりなかったため、リーディングに比べるとリスニングが苦手でした。そこで、大学院に進学後、留学に必要な TOEFL のリスニングスコアをアップするために、当時テレビで放送されていた海外ドラマを 1 日 1 話、字幕なしで観ることにしました。もともと海外ドラマが好きで、『フルハウス』や『大草原の小さな家』などの番組を、ほぼ毎日日本語で観ていたので、それを副音声の英語に切り替えて見ることにしたのです。最初はまったくと言っていいほど何も聞きとれませんでしたが、家族ドラマや学園ドラマ、恋愛ドラマを中心に、映像から意味を推測しながら娯楽感覚で毎日見続けるうちに、少しずつ耳が慣れて、2 カ月目頃から何となく聞き取れるように、そして 6 カ月目頃には登場人物たちと一緒に泣いたり笑ったりできるようになりました。海外ドラマは短いものだと 1 話 20 分程度なので集中しやすく、日課として楽しみながら継続することができました。
　今は、DVD を宅配でレンタルすることもできますし、Netflix などの動画配信サービスもあるので、以前よりも手軽に海外ドラマを楽しむことができるようになりました。みなさんも、まずは大学の入学式まで毎日 1 話ずつ、字幕なしで英語の海外ドラマに挑戦してみてはいかがでしょうか。

13 Transition to Electric Cars
Can workers survive the change?

Step 1. 🔊 Listen and take notes
音声を 2 回聴きましょう。下の単語や表現が聴き取れたら、各ボックスにチェックを入れましょう。またこの文章内での意味を考えましょう。

		Notes
☐ emission	[ɪmíʃən]	
☐ in response	[ɪn rɪspá:ns]	
☐ transition	[trænzíʃən]	
☐ vehicle	[víːəkl]	
☐ registration	[rèdʒəstréɪʃən]	
☐ manufacturer	[mæ̀njəfǽktʃərər]	
☐ emerging	[ɪmə́ːrdʒɪŋ]	

Step 2. 🔊 Listen and fill in the blanks
再度ニュースを聴いて、下の文章の空欄にそれぞれ適当な語を 1 語ずつ書き入れましょう。

Currently, a [　　　　　] of CO2 emissions in the European Union (EU) come from road traffic. In response, countries have begun introducing plans for a transition to electric cars. [　　　　　] countries have already announced [　　　　　] to stop producing diesel and gasoline vehicles. Germany plans to stop the new registration of gasoline cars by 2030, the same year as Great Britain. Japan and Canada plan to discontinue sales by 2035. Meanwhile, car manufacturers, especially those in Germany and Japan, are [　　　　　] [　　　　　] a rapidly emerging electric vehicle market so that they can [　　　　　] domestic and international sales.

Step 3. 🔊 Shadowing & translation practice
Step 2 で完成させた文章を見ながら音声を聴いて、まずは英語でのシャドーイングの練習をしましょう。慣れたらサイト・トランスレーションの練習をしてみましょう。
和訳例は 52 ページにあります。

First Step to College English　49

Step 4. 📖 Grammar

仮定法（2）いろいろな仮定法の重要表現

I can't play the piano,
but I wish I could play
the piano well ...

✓ **いろいろな仮定法の重要表現**

- ◆ **主語＋wish＋主語＋{過去形 / had 過去分詞} ...**「...であれば[あったら]よかったのに」
  I wish I could play the piano well.
  ピアノを上手に弾けたらな。

- ◆ **as if＋主語＋{過去形 / had 過去分詞} ...**「まるで...である[あった]かのように」
  He speaks **as if** he knew everything.
  彼はまるで何でも知っているかのように話す。

- ◆ **if it {were not / had not been} for ... / but for ... / without ...**「...がなければ[なかったら]」
  If it had not been for your support, our project would not have succeeded.
  ＝ {**Without** / **But for**} your support, our project would not have succeeded.
  もしあなたの支援がなかったら、私たちのプロジェクトは成功しなかっただろう。

- ◆ **otherwise**「もしそうでなければ」
  I studied at this university; **otherwise**, I might not have become a teacher.
  この大学で学んだ。もしそうでなければ、教師になっていなかったかもしれない。

✓ **未来の仮定を表す表現**

① **If＋主語＋should ～, 主語＋助動詞 ...**　＊主節が命令文になることが多いです
   If you should have any questions, please do not hesitate to contact me.
   もし万が一質問があれば、遠慮なくお問い合わせください。

② **If＋主語＋were to ～, 主語＋{would / could / might} ...**
   If the sun were to disappear, all living things would die.
   もし太陽がなくなってしまったら、すべての生き物が死んでしまうだろう。
   ＊ ②の方が「起こる可能性がほとんどない」ことを表現するのに用います！

Step 5. ✎ Exercises

1. 次の英文が日本語の意味に合うように、（ ）内に適当な語を入れましょう。

(1) 今日が土曜日だったらいいのにな。
I (　　　) it (　　　　) Saturday today.

(2) 彼女はまるで何事もなかったような顔をしている。
She looks (　　　) if nothing (　　　　) happened to her.

(3) 私は少し早く出発した。もしそうでなければ、渋滞に巻き込まれていただろう。
I left a little earlier; (　　　　) I might have been stuck in traffic.

(4) もし大学時代に戻るとしたら、合唱部に入っているだろう。
If I (　　　) (　　　　) return to university days, I would belong to a chorus club.

(5) 努力をしていなければ、彼はその試験に合格しなかっただろう。
If (　　　) had not been (　　　　) his effort, he would not have passed the examination.
= (　　　) (　　　　) his effort, he would not have passed the examination.
= (　　　) his effort, he would not have passed the examination.

2. 次の英文が日本語の意味に合うように、（ ）内の語句を並び換えましょう。文頭に来る語は大文字で始めましょう。

(1) あのとき彼の言っていたことを書き留めておいたらよかった。
(he was saying / had / I / made a note of / what / wish I).

_____

(2) 彼はまるで王様のように振る舞う。
(a king / as / he / he behaves / if / were).

_____

(3) 万が一彼がここへ来たら、私は仕事をしていると伝えてください。
(come here, / him / he / if / please tell / should) I'm working.

_____

**ここまで主に if を使って、仮定法の文を勉強してきましたが、英字新聞や洋書では、
if が省略される文や if 節を用いない仮定法の文も出てきますので、
余裕がある人は復習しておくようにしましょう！**

Step 6. Translation

現在、欧州連合（EU）のCO2排出量の4分の1は道路交通によるものです。それに応じて、各国は電気自動車への移行計画を導入し始めています。すでに複数の国がディーゼル車とガソリン車の生産中止時期を発表しています。ドイツは、イギリスと同じ2030年までにガソリン車の新規登録を停止する予定です。日本とカナダは2035年までに販売中止を予定しています。一方で、自動車メーカー、特にドイツと日本のメーカーは、急速に台頭する電気自動車市場に備え、国内外での販売を維持できるよう準備を進めています。

Column

洋楽を使って楽しく英語を勉強しよう！

橋尾　晋平

　大学2年生のときに、洋楽を題材としていた授業を受講する機会がありました。その授業では、洋楽を聴いて、歌詞中の空所に入る語句を答えるというスタイルの授業でした。当時の私は、リスニングに苦手意識を持っており、授業中の問題を全然解くことができなかったのですが、洋楽を通して英語を勉強することに対して、新鮮さと楽しさを感じていました。

　お恥ずかしい話ですが、当時の私は英語の発音の仕組みについて、きちんと理解できていませんでした。例えば、Elton JohnのYour Songという歌を勉強した際に 'I hope you don't mind' というフレーズがうまく聞き取れませんでしたが、hopeの語末の[p]の音とyouの語頭の[j]の音がくっついて「ピュ」と聞こえたり、don'tの[t]やmindの[d]が語末に置かれると聞こえづらい音だったりとさまざまな発音の仕組みを学ぶことができました。

　私はこの授業を通して、日本語には見られない英語の音声・音韻上の特徴を習得することができ、そこからリスニングを勉強するモチベーションが向上し、洋楽の授業で学んだことをTOEICなどの語学試験の勉強に活かしつつ、苦手意識を克服することもできました。

　洋楽や英語音声の映画など身近なものも、英語を勉強するうえで、立派な「教材」となります。ぜひいろいろなものにアンテナを伸ばし、楽しく英語を勉強していってください。

14 Put Yourself in Cats' Shoes
The need for empathy toward Japan's stray cats

Step 1. 🔊 Listen and take notes
音声を 2 回聴きましょう。下の単語や表現が聞き取れたら、各ボックスにチェックを入れましょう。またこの文章内での意味を考えましょう。

☐ excess	[ɪksés]	**Notes**
☐ amount	[əmáʊnt]	
☐ stray cat	[stréɪ kæt]	
☐ provide	[prəváɪd]	
☐ undeservedly	[ʌndɪzə́ːrvɪdli]	
☐ slaughter	[slɔ́ːtər]	
☐ displace	[dɪspléɪs]	

Step 2. 🔊 Listen and fill in the blanks
再度ニュースを聴いて、下の文章の空欄にそれぞれ適当な語を 1 語ずつ書き入れましょう。

"Many cats now [　　　　] [　　　　　　] on concrete tetrapods that line Okinawa's beaches. [　　　　] [　　　　　] the excess amounts of stray cats in [　　　　　] port towns, these cats may find themselves lost at sea in [　　　　　] weather." This shocking information was provided by Mrs. K, who works to protect stray cats from being undeservedly slaughtered, displaced or [　　　　　] on the streets.

Step 3. 🔊 Shadowing & translation practice
Step 2 で完成させた文章を見ながら音声を聴いて、まずは英語でのシャドーイングの練習をしましょう。慣れたらサイト・トランスレーションの練習をしてみましょう。
和訳例は 56 ページにあります。

Step 4. 📖 Grammar

話法

- ✓ **話法とは**

  話法とは他者の言葉や考えを伝達するための表現方法です。他者の言葉をそのまま引用する「直接話法」と、自分の目線で言い換える「間接話法」があります。

  直接話法：　　Billy told me, "I am busy now."
  　　　　　　　　　(過去)　　　　　(現在)

  間接話法：　　Billy told me that he was busy then.
  　　　　　　　　　(過去)　　　　　　(過去)

  > 発話者の言葉は引用符(" ")で囲んで、大文字で始める。

- ✓ **間接話法の原則**

  ① 人称代名詞を変化させる（I → You, He, She など、my → your, his, her など）

  ② 指示代名詞、時の表現などを自分の目線で言い換える

  ```
  覚えましょう！
  this → that,  these → those,  here → there
  now → then,  today → that day,  tonight → that night,  ... ago → ... before
  yesterday → the day before, the previous day
  tomorrow → (the) next day, the following day
  last night → the night before, the previous night
  ```

  ③ 時制を整える（時制の一致）

  Taro said, "I was busy yesterday." → Taro said that he **had been** busy the day before.
  　　(過去)　　　　　　　　　　　　　　　　　　　　　　　　　　　　　(過去完了)

- ✓ **直接話法から間接話法へ**

  "I want to study abroad."　　　　　　　　　　　　　she wanted to study abroad.
  "I met John two days ago."　　　　　　　　　　　　she had met John two days before.
  "I can't go to school today."　　Amy told me that　she couldn't go to school that day.
  "My mom has never been to Italy."　　　　　　　　her mom had never been to Italy.
  "The Earth is round."　　　　　　　　　　　　　　　the Earth is round.*

  ＊「不変の真理」なので時制は変わらない。

54　First Step to College English

Step 5. ✎ Exercises

1. 次の各組の英文が同じ意味になるように、（　）内に適当な1語を入れましょう。

(1) He said to me, "I want to go to Italy someday."
   = He (　　　) me that (　　　) (　　　) to go to Italy someday.

(2) I said to Karen, "You are such a foodie."
   = I (　　　) Karen that (　　　) (　　　) such a foodie.　　　*foodie グルメ

(3) Yumiko said to her classmates, "I lost my house key somewhere."
   = Yumiko (　　　) her classmates that (　　　) (　　　) (　　　) (　　　) house key somewhere.

(4) Ronald said to his mother, "I did not tell a lie to you about my grades."
   = Ronald (　　　) his mother that (　　　) (　　　) not (　　　) a lie to (　　　) about (　　　) grades.

2. 次の直接話法の英文を、時制や代名詞、時の副詞句に注意して、間接話法の英文に書き換えましょう。

【例】He said to his mother, "I don't want to eat Natto."

⇒He told his mother (that) he didn't want to eat Natto.

(1) She said, "This is a very difficult problem for me."

(2) Caroline said to me, "I saw a ghost in this room last night."

(3) Our coach said to us, "We will have a meeting tomorrow."

(4) Michael said to her, "I bought you a useful device for your studies."

Step 6. Translation

「沖縄の海岸に並ぶコンクリート製のテトラポッドの上で、今では多くの猫が育つようになっています。ある港町では野良猫が増えすぎたため、荒天時に、いつの間にかこれらの猫が海で行方不明になってしまうことがあるかもしれません。」このショッキングな情報はKさんによって提供されました。彼女は野良猫を不当な虐殺や路上での死から守るために活動しています。

Column

きっかけとしての英語

児玉　茂昭

　わたしが英語という言語そのものに興味を持ったきっかけは、大学2年の時に『ことばのロマンス』(岩波文庫青 671-1)という本を読んだことです。わたしはローマ帝国の歴史を勉強したくて大学に入ったので、その頃ローマ帝国で使われていたラテン語を学んでいました。その時に読んだこの本の中では、英語の様々な単語が持つ意外な歴史や英語とラテン語の関係、一見無関係に見える英語の単語の間の興味深い歴史的関係などがやさしい言葉で語られていて、それまで大学入試や大学の授業で苦労した思い出しかなかった英語の歴史にわたしは興味を持つようになりました。それは3年生の時の進路選択(わたしがいた大学の文学部は、3年生になるときに何を専攻にするかを決めます)にも影響を与え、わたしは言語の歴史的な変化を多くの言語の例を比較することで学ぶ比較言語学という言語学の分野を専攻することに決めました。3年生のときには古い英語のテクストを読み進めたり、その他の言語、例えばギリシア語やアヴェスタ語、古アイルランド語といった言語を学んだりしましたが、その時、勉強のなかだちになってくれる言語は英語でした。結局、大学・大学院ではギリシア語を研究することになったのですが、そのきっかけを作ったのは、大学2年で出会った『ことばのロマンス』でした。皆さんの多くは夢を実現する手段として英語を学びたいとここに入ったのではないかと思うのですが、英語それ自体を知ることを目的として学ぶことも、とても面白いことだと思います。

15 Redefining Forest Renewability
The fight for British Columbia's old growth forests

Step 1. 🔊 Listen and take notes
音声を 2 回聴きましょう。下の単語や表現が聴き取れたら、各ボックスにチェックを入れましょう。またこの文章内での意味を考えましょう。

- [ ] protester [prətéstər]
- [ ] set up [sét ʌp]
- [ ] watershed [wɔ́ːtərʃèd]
- [ ] access [ǽkses]
- [ ] concern [kənsə́ːrn]
- [ ] old-growth [óuld gróuθ]
- [ ] range [réɪndʒ]

Notes

Step 2. 🔊 Listen and fill in the blanks
再度ニュースを聴いて、下の文章の空欄にそれぞれ適当な語を 1 語ずつ書き入れましょう。

In August [   ], protesters set up camp in British Columbia's Fairy Creek watershed. The protesters [   ] [   ] access to the area upon hearing that a Canadian company had been building roads to access the site for cutting trees. The protesters were particularly concerned about the old-growth trees there. Old-growth trees are generally very old, ranging from [   ] to over a [   ] years old. The loss of such trees is concerning because it means the loss of the unique [   ], spiritual, and [   ] value associated with large trees.

Step 3. 🔊 Shadowing & translation practice
Step 2 で完成させた文章を見ながら音声を聴いて、まずは英語でのシャドーイングの練習をしましょう。慣れたらサイト・トランスレーションの練習をしてみましょう。
和訳例は 60 ページにあります。

First Step to College English

Step 4. 　Grammar

不定詞・動名詞

I started to study in the university in April.
I hesitated to talk with my classmates at first.
But, now I enjoy making friends and talking with them!

✓ **不定詞とは？：「to+動詞の原形」**

① **名詞的用法**：「〜すること」
Her hobby is to play soccer.　彼女の趣味はサッカーをすることだ。

② **形容詞的用法**：「〜するための」「〜するような」
I want something to drink.　私は何か飲むものが欲しい。
He is not a man to tell a lie.　彼は嘘をつくような男ではない。

③ **副詞的用法**：「〜するために」「〜したので」「…して（その結果）〜する」
I went to Kyoto to see my teacher.　私は先生に会うために京都に行った。(目的)
I'm happy to eat fine steak.　私は良いステーキが食べられて嬉しい。(原因)
I grew up to be a teacher.　私は成長して教員になった。(結果)

✓ **動名詞とは？：「動詞の原形+-ing」**

Seeing is believing.　見ることは信じることだ（百聞は一見に如かず）。
Learning English is indispensable for living in the globalized world.
英語を学ぶことはグローバル化した世界で生きるために欠かせない。

✓ **不定詞・動名詞、どちらを目的語にできるかは、動詞によって異なります。**

不定詞のみ	decide, decline, expect, hesitate, hope, manage, offer, prepare, promise, refuse, wish など	
動名詞のみ	admit, avoid, enjoy, escape, finish, give up, mind, miss, postpone, put off など	
両方使えるが意味が変わる （不定詞はこれからすること、動名詞は既にしたこと）		forget, remember, regret, try など

Step 5. ✏ Exercises

1. 次の英文が日本語の意味に合うように、（　）内に適当な1語を入れましょう。
   (1)～(3)は不定詞で、(4)～(6)は動名詞で回答すること。

(1) 私の来年の目標は、ニューオーリンズでザリガニを食べることだ。
    My goal for next year is (　　　) (　　　) crawfish in New Orleans.

(2) 昨日は散歩する時間が無かった。
    I didn't have time (　　　) (　　　) for a walk yesterday.

(3) 彼女は国連で働くためにたくさんの言語を学んだ。
    She studied a lot of foreign languages (　　　) (　　　) for the United Nations.

(4) 甲子園球場で野球をすることは子供の頃からの私の夢だ。
    (　　　) baseball at Koshien Stadium is my dream from my childhood.

(5) 彼は家の近くの海で釣りをするのが大好きだ。
    He is fond of (　　　) at the sea near his house.

(6) あなたが私のおじの絵を買ってくれたことに感謝します。
    I thank you for (　　　) my uncle's painting.

2. 次の英文が正しい形になるように、（　）内の語句を選びましょう。

(1) 私は夜更かしするのを躊躇した。
    I hesitated (to stay up late / staying up late).

(2) 彼は台風のせいで奈良に行くのを諦めなければならなかった。
    He had to give up (to go to / going to) Nara because of the typhoon.

(3) その会社は銀座のビルの買収を延期した。
    That company put off (to purchase / purchasing) the building in Ginza.

(4) 彼女はいつか名古屋でケーキ屋を開くと約束した。
    She promised (to open / opening) a cake shop in Nagoya someday.

(5) 私はその仕事を引き受けたことを後悔している。
    I regret (to accept / accepting) that job.

(6) 私の父はロサンゼルスで有名な映画スターに会ったことを覚えている。
    My father remembers (to see / seeing) a famous movie star in Los Angeles.

First Step to College English　59

Step 6.　Translation

2020年8月、ブリティッシュコロンビア州のフェアリー・クリーク流域で、抗議者たちがキャンプを設営しました。抗議者たちは、カナダの企業が木材伐採現場に入るための道路を建設していることを聞いて、その地域への立ち入りを妨害し始めたのです。抗議者たちは特に、そこの老木に関心を抱きました。一般的に極めて古い木の集合体を指す原生林は、140年から1000年以上の樹齢の木から成り立っています。原生林の喪失が重要な問題なのは、大木にまつわる歴史的・精神的・生態学的な価値を失うことを意味するからです。

📖 Column

これは英語、それとも日本語？

ハンフリー　恵子

　私が小さな子どものころ、親戚のおばさんの家へは母に連れられてバスで行っていました。バス停で待つ私のところにバスが近づくのが見えると、「ワンマン」と掲示されたバスに私はいつもビクビクしていました。というのも私はそのとき、「ワンマン」という言葉に、テレビで耳にした「ワンマン社長」からとても威圧的な怖い人のイメージを持っていたからです。きっと、このバスの運転手さんもそうに違いない…。その後、英語を学ぶとすぐに「ワンマン」が"one man"であることに気づき、車掌さんのいない運転手さんだけの乗り物を意味するのだと理解しました。どうりでいつも運転手さんは優しかったわけです。しかし、国語辞典で調べてみると「ワンマン」には「自分の思い通りにする人、独裁者」の意味が確かにあります。ところが英語には、そのような意味はありません。英語の「ひとりの」が日本文化の中で新たな意味を持ち始め、英語にはない「自分勝手な人」として日本語の中に定着したのです。

　私たちの身近なところには、いろいろな英語があふれています。中には、英語だとは知らずに使っていたり、また別の意味を持つようになったと知らずに英語だと信じている言葉もあるでしょう。言葉は生き物です。常に変化し、形を変え続けます。知っていると思っている言葉でも、もう一度辞書で調べてみませんか。新たな発見があるかもしれませんね。

16 Sewing an Ethical Economy
Combating low consumer awareness of fair trade

Step 1. 🔊 Listen and take notes
音声を 2 回聴きましょう。下の単語や表現が聴き取れたら、各ボックスにチェックを入れましょう。またこの文章内での意味を考えましょう。

- ☐ degradation [dègrədéɪʃən]
- ☐ equitable [ékwətəbl]
- ☐ compensation [kàmpənséɪʃən]
- ☐ initiative [ɪníʃətɪv]
- ☐ avoid [əvɔ́ɪd]
- ☐ child labor [tʃáɪld léɪbər]
- ☐ wage [wéɪdʒ]

Notes

Step 2. 🔊 Listen and fill in the blanks
再度ニュースを聴いて、下の文章の空欄にそれぞれ適当な語を 1 語ずつ書き入れましょう。

Helping small-scale famers in [   ] [   ], protecting local [   ], and combating environmental degradation, fair trade makes for a more equitable global economy. Before the fair trade system [   ], farmers had more troubles receiving fair compensation. Now, the initiative helps farmers avoid issues regarding [   ], child labor and low wages. By purchasing fair trade [   ], we can support farmers' lives in [   ] [   ] and help the fair trade movement realize a more sustainable world.

Step 3. 🔊 Shadowing & translation practice
Step 2 で完成させた文章を見ながら音声を聴いて、まずは英語でのシャドーイングの練習をしましょう。慣れたらサイト・トランスレーションの練習をしてみましょう。
和訳例は 64 ページにあります。

First Step to College English

Step 4. 📖 Grammar

分詞

This is a girl and she is **running**.
↓
a **running** girl

This is an umbrella and it was **stolen**.
↓
a **stolen** umbrella

- ✓ **分詞って？**
  分詞は「**走っている**女の子」(a **running** girl) や「**盗まれた**傘」(a **stolen** umbrella) のように「〜している〇〇」や「〜される〇〇/〜された〇〇」を意味します。

- ✓ **2 種類の分詞（現在分詞と過去分詞）**
  分詞には 2 種類あります。
  →「〜している」という意味を表す分詞のことを現在分詞といい、
  →「〜された/〜される」という意味を表す分詞のことを過去分詞といいます。

- ✓ **分詞の作り方**
  現在分詞 :〈動詞の原形〉+〈-ing〉
  〈-ing〉の付け方に注意が必要な動詞もあります。
  　　e を取って ing を付ける現在分詞　giving, having など
  　　子音を重ねる現在分詞　　getting, putting, sitting, running など
  　　綴りが変わる現在分詞　　dying, lying, tying など

  過去分詞 :〈動詞の原形〉+〈-ed〉
  不規則変化する過去分詞に注意しましょう。
  例えば、done, gone, drunk, written, come, bought, found, felt, won, cut, read など

- ✓ **分詞の使い方**
  分詞は通常、**名詞の前**に置きます（前置修飾といいます）。
  　　a **singing** boy「**歌っている**男の子」, **boiling** water「**沸騰している**水」
  　　a **broken** window「**割れた**窓」, a **boiled** egg「**ゆでられた**卵→ゆで卵」

  分詞の後ろに説明（修飾語句）が続く場合は、**名詞の後ろ**に置きます（後置修飾といいます）。
  　　a boy **singing on the stage**「ステージ上で**歌っている**男の子」
  　　a car **made in Japan**「日本で**作られた**車」
  　　languages **spoken in Canada**「カナダで**話されている**言語」

Step 5. ✏ Exercises

1. 次の英文の（　）内の動詞を日本語の意味に合うように分詞にしましょう。

(1) 私たちは興奮する試合を観ました。
　　We watched an (excite) .... game.

(2) 興奮したサポーター達は大騒ぎをしました。
　　The (excite) .... supporters made a lot of noise.

(3) オーストラリアは英語を話す国です。
　　Australia is an English-(speak) .... country.

(4) 書き言葉は話し言葉よりあらたまっている。
　　(Write) .... language is more formal than (speak) ....
　　language.

(5) 私たちは古着を販売しているお店に立ち寄りました。
　　We dropped by a store (sell) .... used clothes.

2. 次の日本語の意味に合うように、（　）内の語を並べ換えて英文を完成させましょう。

(1) 床にある割れたガラスに気を付けて。
　　Be careful with the (the / on / floor / glass / broken)!

(2) ステージ上で踊っているあの学生たちを見てください。
　　Look at (the / on / dancing / stage / students / those).

(3) あの赤い服を着た男性は誰ですか。
　　Who (clothes / is / man / red / that / wearing)?

3. 次の文章を分詞を用いた英文にしましょう。

(1) 私は日本語を勉強している学生に会いました。

　　_____

(2) 私の母はフランス製のバッグを買いました。

　　_____

Step 6. Translation

途上国の小規模農家を支援し、地域共同体を保護し、環境破壊と戦うフェアトレードは、より公正なグローバル経済を促進するものです。フェアトレードの仕組みが始まるまでは、農家は適正な報酬を受け取るのにより多くの問題を抱えていました。今では、そのフェアトレードという取り組みが、農家たちが過労や児童労働、低賃金に関連する問題を避ける手助けをしています。フェアトレードの生産品を買うことで、私たちは途上国の農家を支援し、フェアトレードの活動がより持続可能な世界を実現する手助けをすることができるのです。

Column

英語ができるってなんだろう？

真崎 翔

　僕が高校生の頃、英語ができるようになりたい、というのはすなわち、英会話ができるようになりたい、ということと同義でした。英語ができるようになりたかった僕は、みなさんと同じように、名古屋外国語大学に入りました。しかし、いざ大学で英会話の場面に遭遇すると、相手の言っていることはわからないし、ましてや話すことなどほとんどできないわけです。しだいに、英会話の場面を敬遠するようになってしまいました。

　考えてみると、それは当然のことなのでした。というのも、読めない文章を聞いて理解することはできないし、書けない文章を話すことなどできないからです。僕には、読み書きの能力が決定的に不足していたのです。英会話がピラミッドの頂点だとすると、頂点を支えるために読み書きという土台が必要なわけで、読み書きという土台は、さらに文法や英単語といった土台によって支えられているわけです。英語ができるようになるためには、その土台を少しずつ広げていき、頂点を少しずつ高くしていく、絶え間ない基礎学習が必要なのです。

　基礎学習は、地味だし、辛いし、面白くないかもしれません。このテキストは、英語ができるために必要な基礎学習を、みなさんが少しでも楽しく進められるよう作成しました。大学でピラミッドを高く積み上げられるよう、入学前に少しでも土台を広げておきましょう。そのピラミッドが、きっとみなさんの夢に近づく階段になるはずです。

17 "A Chance"
Fighting for LGBTQ+ with Buddhism and social media

Step 1. 🔊 Listen and take notes
音声を2回聴きましょう。下の単語や表現が聴き取れたら、各ボックスにチェックを入れましょう。またこの文章内での意味を考えましょう。

- ☐ temple [témpl]
- ☐ witness [wítnəs]
- ☐ hand in hand [hǽnd ɪn hǽnd]
- ☐ available [əvéɪləbl]
- ☐ community [kəmjúːnəti]
- ☐ religious [rɪlídʒəs]
- ☐ institution [ìnstət(j)úːʃən]

Notes

Step 2. 🔊 Listen and fill in the blanks
再度ニュースを聴いて、下の文章の空欄にそれぞれ適当な語を1語ずつ書き入れましょう。

Walking by the [   ] of Saimyouji, a temple in Kawagoe city, Saitama prefecture, one might witness two men, or two women, walking hand in hand to a [   ] Buddhist wedding. Available to same-sex couples, these weddings mark a [   ] in Japan's public [   ] towards the LGBTQ+ community. In [   ] years, religious institutions and social organizations, like Saimyouji temple, have been fighting for a Japan where "same-sex [   ]" is possible.

Step 3. 🔊 Shadowing & translation practice
Step 2で完成させた文章を見ながら音声を聴いて、まずは英語でのシャドーイングの練習をしましょう。慣れたらサイト・トランスレーションの練習をしてみましょう。
和訳例は68ページにあります。

Step 4. 📖 Grammar

分詞構文

I looked up at the sky.
I saw cherry blossom petals falling down.
↓
Looking up at the sky,
I saw cherry blossom petals falling down.

✓ **分詞構文の基本的な形と作り方**　　主語は同じ？

　　　When　I　looked up at the sky,　I saw cherry blossom petals falling down.
　　　　↓①　↓②　↓③　　　　　　　　動詞の時制は同じ？
　　　　×　　×　Looking up at the sky,　I saw cherry blossom petals falling down.

― POINT ―
① 接続詞を省略（上記の場合は when を省略）
② 主語をチェック　→　主節と主語が同じ　→　主語を省略
　　　　　　　　　　→　主語が異なる場合は残す　→　独立分詞構文
③ 動詞をチェック　→　動詞の時制が主節の動詞と同じ　→　動詞を分詞に

✓ **完了形の分詞構文**
動詞の時制が主節の動詞よりも前の時を示している場合、分詞の完了形を用います。
Having finished my homework, I **can go** shopping today.
宿題を済ませたので、今日は買い物に行ける。

✓ **受動態の分詞構文**
　　As I was filled with joy, I danced around there for a moment.
　　→ **(Being) filled with joy**, I danced around there for a moment .

　　The bread was baked this morning and it is ready for dinner.
　　→ **Having been baked** this morning, the bread is ready for dinner.

✓ **否定形**
原則として not や never を分詞の前に加えます。
　　Not knowing what to say, I remained silent.
　　Never having seen such a beautiful place, I was lost for words.

分詞構文は、
「時」,「原因・理由」,
付帯状況「～しながら～する」,
連続した動作「～し、そして～」
を表す場合に用いられます。
詳しい用法や、独立分詞構文
について、さらに自分で確認
しましょう！

Step 5. ✏ Exercises

1. 次の各組の英文が同じ意味になるように、（　）内に適当な語を入れましょう。

(1) When my dog heard the doorbell ringing, he got excited.
(　　　) the doorbell ringing, (　　　) (　　　) got excited.

(2) We were walking to the station in the rain and we got very wet.
(　　) (　　) (　　) (　　　)in the rain, we got very wet.

(3) As this book is written in English, it is difficult for me to read.
(　　) (　　) (　　　), this book is difficult for me to read.

(4) I didn't have any money and I had to ask my sister to lend me some.
(　　) (　　) (　　　) (　　　), I had to ask my sister to lend me some.

2. 次の英文を分詞構文を用いた文に書き換えましょう。

(1) As I felt sick, I stayed in bed.

_____

(2) While he was watching a movie, he fell asleep.

_____

(3) As I had never met her before, I was very nervous.

_____

3. 次の日本語の文章を分詞構文を用いた英文にしましょう。

(1) 有名なデザイナーによって作られたので、このバッグはとても高価だった。

_____

(2) 彼がどこにいるのか知らなかったので、私は彼に電話をかけた。

_____

Step 6.   Translation

埼玉県川越市のお寺、最明寺の門まで行くと、伝統的な仏前挙式で手を取り合って歩く2人の男性、または2人の女性を目撃するかもしれません。同性カップルが利用可能なこれらの結婚式は、LGBTQ+共同体に対する日本の公的な態度の変化の変化を示しています。近年では、最明寺のような宗教団体や社会組織が、「同性婚」が可能な日本を実現するために戦っています。

📖 Column

In the long run

加藤 由崇

　　今思えば、私はこれまでに何度も英語に挫折してきました。小学生の頃には周りが知っている英語の量に圧倒され、初めての留学ではホストファミリーが話す英語がまったく理解できず、大学受験期には世の中にはこんなに難しい文章があるのかと苦悩し、2度目の留学では立食形式のパーティーで誰とも話せずに絶望し、それから10年後の英国滞在中には、住居のトラブルや人脈づくりのもどかしさ、出産の立ち会いや初めての育児を経験し、「自分にもっと英語力があれば…」と嘆く場面が多々ありました。

　　ただ、振り返って思うのは、それがすべて今の自分の経験値になっているということです。その時には奈落の底に突き落とされるような絶望感を味わったとしても、不思議なことに数ヶ月後、数年後にはその苦悩を超えた（あるいは、解釈できている）自分がいるのです。すべてがハッピーエンドというわけではありませんが、多くの場合、知らないうちにできることが増えていたり、「あれはたまたま不運なだけだったな」と冷静に解釈ができていたりします。

　　言葉の学習は辛くもあり楽しくもありますが、長い目で見れば(in the long run)、人間的な成長を感じることができる本当に奥深い学びです。この問題集に取り組むことも、確実にその学びの糧になっています。ぜひ一つひとつの学習や経験を大切にしてほしいなと思います。

18 Reaching Beyond the Screen
The wonders of Ghibli in the third dimension

Step 1. 🔊 Listen and take notes
音声を 2 回聴きましょう。下の単語や表現が聴き取れたら、各ボックスにチェックを入れましょう。またこの文章内での意味を考えましょう。

☐ glove	[glʌ́v]	**Notes**
☐ fantastical	[fæntǽstɪkl]	
☐ broom	[brúːm]	
☐ belly	[béli]	
☐ aspiration	[æ̀spəréɪʃən]	
☐ located	[lóʊkeɪtɪd]	
☐ nostalgia	[nɑːstǽldʒə]	

Step 2. 🔊 Listen and fill in the blanks
再度ニュースを聴いて、下の文章の空欄にそれぞれ適当な語を 1 語ずつ書き入れましょう。

Some Ghibli fans across the globe have [   ] of being a [   ] within the fantastical world of Ghibli. Others [   ] for tasting the magical world's delicious foods, basking in the sun on Totoro's huge belly, or [   ] on Kiki's delivery broom. All those aspirations, which once seemed impossible, have become a [   ] at the new Ghibli Park located in Aichi Prefecture. The Ghibli Park [   ] a sense of the Ghibli world for children and adults [   ] from all over the world.

Step 3. 🔊 Shadowing & translation practice
Step 2 で完成させた文章を見ながら音声を聴いて、まずは英語でのシャドーイングの練習をしましょう。慣れたらサイト・トランスレーションの練習をしてみましょう。
和訳例は 72 ページにあります。

First Step to College English

Step 4. 📖 Grammar

比較

*She got up **much earlier than** usual this morning.*

比較を使いこなすために、程度を示す表現を身につけましょう。

- ✓ **比較級・最上級の強調表現**：比較級の前に much, far, a lot を置き、最上級は very や by far を用いて強調する。

  It got **much warmer** today **than** last week.
  今日は先週よりもずっと暖かくなった。

  ※still や even を用いて比較級を強調する場合があるので調べてみましょう。

  That restaurant is {**by far the most expensive / the very most expensive**} in Tokyo.
  あのレストランは東京の中で圧倒的に値段が高い。

- ✓ **倍数・数量表現**：「〜倍」や「●分の▲」、数量の差などは原級や比較級の前に置く。

  The population in the U.S. is **three times as large as** that in Japan.
  アメリカの人口は日本の 3 倍です。

  Seiko is **five centimeters taller than** Yuki.
  Seiko is **taller than** Yuki **by five centimeters**. ※〈by+数量〉でも差を表す
  セイコはユキよりも 5 センチ背が高い。

その他にも比較にはさまざまな慣用表現があり、一部を紹介します。

  The higher we climb, **the colder** it becomes. (= As we climb higher, it becomes colder.)
  高く登れば登るほど、より寒くなる。

【覚えておきたい比較の慣用表現】
- as 〜 as 主語 can / as 〜 as possible 「できるだけ〜」
- 比較級 + and + 比較級 「ますます〜」
- The 比較級 〜, the 比較級 ... 「〜すればするほど...」
- no more than (= only) 「〜しか」　　・not more than / at most 「せいぜい」
- no less than / as many [much] as 「〜もの」　・not less than / at least 「少なくとも」

Step 5. ✏ Exercises

1. 次の英文が日本語の意味に合うように、（　）内に適当な語を入れましょう。

(1) 牛肉の値段は 20 年前の約 2 倍になっている。
Beef prices are about (　　　) (　　　) much (　　　) twenty years ago.

(2) キヨフミは以前と比べてずっと英語を話すのがうまくなっている。
Kiyofumi is a (　　　) (　　　) speaker of English now than before.

(3) 最近ますます多くの人が電気自動車を使い始めている。
(　　　) (　　　) (　　　) people have started to use electric cars recently.

(4) その書類は会議の前に少なくとも 1 回は読んでおいてください。
Please read the document (　　　) (　　　) once before the meeting.

(5) コウタは昨夜 3 時間しか眠れなかった。
Kota slept for (　　　) (　　　) (　　　) three hours last night.

2. 次の英文が日本語の意味に合うように、（　）内の語句を並び換えましょう。文頭の語は大文字ではじめましょう。

(1) 春休みの間にできるだけ多くの本を読みなさい。
(as / as / books / many / read / possible) during spring vacation.

(2) たくさん練習すれば、うまくなりますよ。
(the better / the more / you / practice, / will get / you).

3. 次の英文を＜　＞内の指示に従って書き換えましょう。

(1) The company achieved its goals **faster** than it had expected. ＜下線部を強調して＞

(2) This sightseeing spot is the very most popular among young people.
　　　　　　　　　　　　　　　　　　　　　　　　＜by far を使った文に＞

Step 6. Translation

世界中のジブリのファンの中には、幻想的なジブリの世界のキャラクターになる夢を見てきた人がいます。一方で、魔法のような世界の美味しい食べ物を味わってみたり、トトロの大きなお腹の上で寝そべったり、キキのほうきで空を飛んだりしたいファンもいます。それらすべての願望は、一見不可能のように思われましたが、愛知県のジブリパークで現実となりました。ジブリパークのおかげで、世界中の大人も子供も同じように懐かしさを感じられます。

Column

英語が教えてくれるもの

武井　由紀

　「我思う、故に我在り」は、英語で"I think, therefore I am."と表されますが、英語の視点からそのフランス語«Je pense, donc je suis.»を分析すると、どの言葉が「我」に当たるのか容易に指摘できませんか。同時に英語のthinkやam に相当するフランス語もすぐに見えてくると思います。カエサルの"You too, Brutus ?"からの«Toi aussi, Brutus ?»はいかがでしょうか。キング牧師の"I have a dream."と«J'ai un rêve.»からは、いわゆる冠詞も目に飛び込んできそうです（«Je fais un rêve.»や«J'ai fait un rêve.»と訳される場合も）。アームストロングの"That's one small step for a man, one giant leap for mankind."を基に、«C'est un petit pas pour un homme, un bond de géant pour l'humanité.»を見れば、別の冠詞や前置詞、言語構造までも、英語の知識を応用して考察できるのではないかと思います。

　大学でフランス語を専攻した私にとって、英語はフランス語の理解を助けてくれる存在としても、その重要性が増しました。英語との付き合いはこの先も長いでしょうから、時にはこのような名言や格言を手がかりに、向き合う角度を変えてみてはいかがでしょうか。有名な古代ギリシア哲学者にまつわる名言の英語例"I know that I know nothing."は、フランス語で«Je sais que je ne sais rien.»とも表現されます。別の名言をみなさんへのエールとしてお届けしますので、これまでの分析を踏まえて英語で読み替えてみてください。«Rien n'est trop difficile pour la jeunesse.»

19 Hikikomori in Japan
Creative yet simple solutions to social integration

Step 1. 🔊 Listen and take notes
音声を2回聴きましょう。下の単語や表現が聴き取れたら、各ボックスにチェックを入れましょう。またこの文章内での意味を考えましょう。

- ☐ refer to [rɪfə́:r tə]
- ☐ withdrawn [wɪðdrɔ́:n]
- ☐ isolation [àɪsəléɪʃən]
- ☐ emerge [ɪmə́:rdʒ]
- ☐ overcome [òuvərkʌ́m]
- ☐ struggle [strʌ́gl]
- ☐ reintegrate [ri:íntəgrèɪt]

Notes

Step 2. 🔊 Listen and fill in the blanks
再度ニュースを聴いて、下の文章の空欄にそれぞれ適当な語を1語ずつ書き入れましょう。

Hikikomori refers to socially withdrawn people who stay at home. Over a [　　　　　] people in Japan have experienced social isolation, a [　　　　　] that emerged in the 1970s and has been a growing [　　　　　] since the 90s. Helping those who have little social [　　　　　] can be very difficult and [　　　　　] them can be just as [　　　　　]. Although there can be many reasons [　　　　　] someone becomes socially withdrawn, it is important that they overcome their struggles to reintegrate into society.

Step 3. 🔊 Shadowing & translation practice
Step 2で完成させた文章を見ながら音声を聴いて、まずは英語でのシャドーイングの練習をしましょう。慣れたらサイト・トランスレーションの練習をしてみましょう。
和訳例は76ページにあります。

First Step to College English

Step 4. 📖 Grammar

関係詞

She bought a house
which has a big garden.

POINT

関係詞は、**形容詞の働きをする節**（かたまり）を導き、主に直前にある**先行詞（名詞）を修飾**（説明）する語です。

✓ **関係詞の仕組み**

　　　　　　修飾　　関係詞節
　　　先行詞　　　（形容詞の働き）
She bought <u>a house</u> **which** has a big garden.
　　　　　　　　　　　　　関係詞を使って 2 つの文を繋ぐ
She bought <u>a house</u>. **The house** has a big garden.
彼女は大きな庭がある家を購入した。

They adopted <u>a puppy</u> | 省略 | they found in the park.
彼らは公園で見つけた子犬を引き取った。

<u>The man</u> **whose** car broke down is waiting for help.
車が故障してしまった人が助けを待っている。

This is <u>the house</u> **where** I grew up.
≒ This is <u>the house</u> **in which** I grew up.
≒ This is <u>the house</u> | 省略 | I grew up **in**.
これは私が育った家だ。

関係代名詞	関係形容詞	関係副詞
that, which, who(m), whose, what*	which, what	where, when, why, how*, that

*先行詞を含む関係詞

First Step to College English

Step 5. ✏ Exercises

1. 次の文を（ ）内の関係代名詞を使って、1つの文にしましょう。

(1) 私が図書館で借りた本は面白いです。(which)
　　The book is very interesting. I borrowed the book from the library.

_____

(2) 私は今、著作が売れている作家と話しました。(whose)
　　I have just had a chat with an author. The author's works are selling well.

_____

2. （ ）内の語を並べ換えて、英文を完成させましょう。

(1) 日曜日は家族全員が夕食のために集まる日です。
　　(for / gathers / dinner / family / Sunday / when / is / the / the / day / whole).

_____

(2) そうやってママはパパと出会ったんだよ。
　　(first / dad / met / how / that's / mom).

_____

3. 次の英文が日本語の意味に合うように、（ ）内の語句を選びましょう。

(1) チームは休息と充電のための休憩の予定を立てました。
　　The team scheduled a break (during which / which) they will be resting and recharging.

(2) 彼女が出席した会議で、いくつかの重要な点が話し合われました。
　　Several key points were discussed in the meeting (to which / which) she attended.

(3) 私はまだ行ったことのない、北アイルランドのデリーに行ってみたいです。
　　I'd like to visit Derry in Northern Ireland, (which / where) I have never been to before.

(4) 彼女が海外に行くと決めた理由を私は知りません。
　　I don't know the reason (which / why) she decided to go abroad.

(5) ビルは会社を辞めましたが、私が知りたかった理由を教えてくれませんでした。
　　Bill quit the company, but he didn't tell me the reason (why / which) I wanted to know.

Step 6. Translation

「引きこもり」とは、家に閉じこもる人のことです。日本では、100万人以上が社会的孤立を経験していて、これは、1970年代に始まり、90年代からはより大きな懸念となってきている傾向です。社会との交流がほとんどない人を助けるのは非常に難しいことですが、彼らを見つけるのも同じくらい難しいことです。引きこもりになる理由はさまざまですが、社会に復帰するためには自身が抱える苦悩を乗り越えることが重要です。

Column

英語話者は英語以外の言葉も知っている

伊藤　達也

　中学生の頃、restaurantという英単語を覚えたとき、その綴りがどうしてこうなるのかを理解できず、「レスタウラント、レスタウラント」と何度も呟いて覚えようとしたことを記憶しています。大学に入ると、最初のフランス語の授業で、フランス語では、au は「オ」と発音すること、最後の子音字は読まないということを学ぶと、restaurant は「レストラン」と苦労なく読めました。英語と思っていたのが、実はフランス語だったのです。

　フランス語と英語の歴史を学んでいくと、英語のveryがフランス語のvrai（本当の）に由来するなど、両言語の深い関係を学ぶことになります。フランス語のbeauté（ボテ）はbeaute（ビュート）になり、royal（ロワイヤル）は同じ綴りでロイヤルと発音されます。007の『Casino Royale』は、フランス語を模しています。ただroyaleが名詞の後に置かれるのはフランス語風ですが、Casinoは男性名詞なので、文法的には男性形royalが正しいので、少し惜しいということになります。

　純粋性を誇るフランス語でさえ、当然のようにラテン語やドイツ語の単語が（フランス語化されて）混じって来ます。現代のフランス人は parking、business、cool、challenge などの単語を使わずには会話できないでしょう。ひるがえって、英語を学ぶ時には、英語話者が持っている他の言語の（幸いそれほど多くはない）知識も学ぶことが必要となります。他のどの言語と同じように英語も、というか世界化した英語だからこそ、孤立して存在しているのではないのですから。

20 Rules in Japanese Schools
A nightmare, or the guarantee of a perfect society?

Step 1. 🔊 Listen and take notes
音声を 2 回聴きましょう。下の単語や表現が聴き取れたら、各ボックスにチェックを入れましょう。またこの文章内での意味を考えましょう。

		Notes
☐ regardless of	[rɪgá:rdləs əv]	
☐ outdated	[àutdéɪtɪd]	
☐ custom	[kʌ́stəm]	
☐ domestic	[dəméstɪk]	
☐ rigid	[rídʒɪd]	
☐ lack	[lǽk]	
☐ growth	[gróʊθ]	

Step 2. 🔊 Listen and fill in the blanks
再度ニュースを聴いて、下の文章の空欄にそれぞれ適当な語を 1 語ずつ書き入れましょう。

According to a survey in Fukui Prefecture, "only 19% of Japanese schools [   ] girls to wear pants as their school uniform, which [   ] that 81% of Japanese schools make girls wear skirts, regardless of the season." [   ] school rules are still alive and well in Japan, now resembling outdated customs that fail to [   ] to the times. In both [   ] and domestic debate, Japan's rigid school rules have been [   ] as a nightmare that lacks true [   ] value. Schools nationwide are left to decide which rules are necessary for student growth, and which ones are outdated.

Step 3. 🔊 Shadowing & translation practice
Step 2 で完成させた文章を見ながら音声を聴いて、まずは英語でのシャドーイングの練習をしましょう。慣れたらサイト・トランスレーションの練習をしてみましょう。
和訳例は 80 ページにあります。

Step 4. 📖 Grammar

強調表現

We visited Hiroshima on the school trip.
⇕
It was <u>Hiroshima</u> that we visited on the school trip.

- ✓ **強調構文 It is 〜 that ... 「…なのは〜だ」**
  強調したい語句を〜の部分に入れることで、その語句の意味を強めます。

  It was <u>Nagoya University of Foreign Studies</u> **that** Saki entered in 2024.
  2024年にサキが入学したのは<u>名古屋外国語大学</u>である。

  It was <u>Saki</u> **who [that]** entered Nagoya University of Foreign Studies in 2024.
  2024年に名古屋外国語大学に入学したのは<u>サキ</u>である。

  It was <u>in 2024</u> **that [when]** Saki entered Nagoya University of Foreign Studies.
  サキが名古屋外国語大学に入学したのは<u>2024年</u>である。

- ✓ **語順を変えた強調表現**
  強調する語句を文頭におくことがあります。

  〈場所や方向を表す副詞〉+〈動詞〉+〈主語〉
  Here comes the school bus. （＝The school bus comes here.）
  スクールバスが来ました。

  〈否定語〉+〈疑問文の語順〉
  Never have I heard such a fortune. （＝I never have heard such a fortune.）
  こんな幸運は聞いたことがない。

  〈目的語・補語〉+〈主語〉+〈動詞〉
  Such a lucky person I am. （＝I am such a lucky person.）
  私はたいへんな幸せ者だ。

  The actor's performance I respect. （＝I respect the actor's performance.）
  その俳優の演技を私は尊敬します。

- ✓ **強調語句（do, very, at all, on earth など）を用いた強調表現**

  This is the **very** reason why I take part in this project.
  これが**まさに**私がこの企画に参加する理由です。

Step 5. ✎ Exercises

1. 次の文を（　）内の語の意味を強める強調構文にしましょう。

(1) 私は昨日スーパーマーケットでミキのお兄さんをみかけました。
I saw Miki's brother in the supermarket yesterday.　(Miki's brother)

_____

(2) カンタのいとこは UFO を目撃しました。
Kanta's cousin witnessed a UFO.　(Kanta's cousin)

_____

2. 次の英文を下線部の語の意味がわかるように和訳しましょう。

(1) He is the very person that I have been looking for.

_____

(2) Little did I dream that we would have met again in Venice.

_____

3. 次の日本文の意味に合う表現を（　）内に書き入れましょう。

(1) 今夜は月が本当に明るいです。
The moon (　　　) look bright tonight.

(2) いったいどうすればそのような結論にいたるのか。
How (　　　) (　　　) can you come to such a conclusion?

(3) こんなに広大な植物園を今まで訪れたことがありません。
(　　　) have I visited such a vast botanical garden.

(4) その映画は全く怖くありませんでした。
The movie wasn't scary (　　　) (　　　).

(5) 観客の興奮は非常に強く、スタジアムは躍動しているようでした。
(　　　) intense was the crowd's excitement that the stadium seemed to shake.

Step 6. Translation

福井県の調査によると、「制服として女子にズボンの着用を認めている日本の学校はわずか19%で、81%の学校は季節に関係なく女子生徒にスカートを着用させています」。厳しい校則が日本では依然としてしっかり根づいており、今では時勢に適応し損ねた時代遅れの慣習のようです。世界でも国内でも、日本の厳格な校則は真の教育的価値を欠いている悪夢のようだと批判されてきました。どの校則が生徒の成長に必要で、どの校則が時代遅れなのか、全国の学校はその判断に迫られています。

Column

世界を旅するための英語

吉本　美佳

　子どもの頃の私にとって、英語はあまりにも遠い世界のものでした。それでも、社会科の地図帳を手にした日から、いつか世界を旅してみたいと夢見ていた私を、幼なじみのひと言が大きく動かします。彼女は英会話教室に通い始め、「世界旅行したいなら英語ぐらいは話せないと」と言ったのです。突然、彼女だけ世界へと旅立ち、自分は取り残された気持ちになりました。英会話教室に通う願いは叶わず、家に放置してあった幼児用の英語教材を使い、英単語を覚え始めました。そして父親が毎週録画していた二か国語放送のテレビ番組を英語で聴き始めました。まったく意味は分かりません。ただ視覚的に楽しめたことと、英語の音に魅了されたことで、英語そのものに興味を持ち始めました。

　次第に海外ドラマを聴いて書き取るようになりました。とは言え、書き取れるのは、ほんの一部分だけ。1日5分続けられれば良い程度のものでした。しかし、そんなわずかな時間ながら、毎日英語に触れる独学は、私の英語力の素地を作りました。

　みなさんは何のために英語を学んでいますか？どんなことであっても、自分なりの目的を叶えるための手段として、英語の運用力をつけてください。私は広い世界を見るために、英語を学び始めました。夢見た世界旅行は半分も達成できていませんが、バックパックひとつでユーラシア大陸を横断した時、「英語ぐらい」話せて良かったと痛感しました。

解 答

Step 2 と Step 5. Exercises の答えです。

必ず答え合わせをして、間違った箇所を確認しよう！

解答： Step 2.の全文（解答部分は太字にて表示）と Step 5. Exercises の解答です。

1

Step 2. 全文と解答

The heel of a loaf of **bread**, the piece of **meat** that was just a bit too chewy, the extra ginger in the bento you **bought** in a convenience store: These all seem like tiny leftovers and are tossed out after each **meal** with the rest of the trash. This **small amount** of waste starts to **grow** rapidly as it is thrown away every day all across Japan.

出典：Hata, Yuki. and Elder, Kenneth B. "Excessive Food Waste in Japan." *The NUFS Times* No.3, August 2019, p.2.

Step 5. Exercises

1. (1)

だれが	する(です)	だれ・なに	どこ	いつ
Salt	is	one of the most important ingredients.		

(2)

だれが	する(です)	だれ・なに	どこ	いつ
Kazuki	ate	a cake		on his birthday.

(3)

だれが	する(です)	だれ・なに	どこ	いつ
My mother	cooked	me	curry and rice	yesterday.

2. (1) Satoshi lived in Kyoto five years ago. (2) Masaki named his daughter Rio.
   (3) You can use WiFi at this store / Free WiFi is available in this store. など

2

Step 2. 全文と解答

The Japanese labor market **has been experiencing** a change in employee behavior for several years. The professional goals of the new generation are different from those of previous ones, and companies **are struggling** to keep up. Traditionally, in large Japanese companies, it is very rare for employees to **resign** before retirement age. However, more recently, this "job for life" mentality has loosened and people are **no longer** afraid to change jobs.

出典：Giraud, Maui. and Sakamoto, Noa. "The Extinction of Japan's 'Job for Life' Mentality." *The NUFS Times* No.9, July 2022, p.7.

Step 5. Exercises

1. (1)

a	だれが	する(です)	だれ・なに	どこ	いつ
	Hanako	lived		in Kyoto	(when)
when	she	was	a university student.		

(2)

a	だれが	する(です)	だれ・なに	どこ	いつ
	Mr. Ishikawa	works		for the restaurant	
	which	is closed			on Mondays.

2. (1) This is the express train which goes to [is bound for] Gifu.
   (2) Hitomi didn't know that Kaori found her mobile phone.

3 | Step 2. 全文と解答

The Media **suggests** Japan welcomes many foreigners, but **how far** does that welcoming hospitality **go** when foreigners do live in Japan? Japan is getting more **popular** as a country to visit for traveling and to immigrate. While coming as a tourist is easy and fun, immigrating to Japan and working here is far more complicated than most would expect. Foreigners **experience** many difficulties when applying for visas and permanent residency.

出典：Rull, Yolanda Well. and Funes, Marina J. "Life in Japan." *The NUFS Times* No.3, August 2019, p.4.

Step 5. Exercises
1. (1) is raining (2) boils (3) want (4) are flying
2. （解答例）(1) are you doing (2) often do you play the piano (3) do you do

4 | Step 2. 全文と解答

According to a survey from the Japan Pet Food Association, the number of pet dogs increased **by 14**%, and cats **by 16**%, from 2019 to 2020. The association explained this increase as a **result** of quarantine loneliness: people craved the soothing, peaceful companionship of a pet. However, as they **return to** their social lives, owners are beginning to abandon their newly adopted friends.

出典：Oda, Kotobuki. "What is Becoming of Our Pandemic Pets?" *The NUFS Times* No.8, December 2021, p.3.

Step 5. Exercises
1. (1) dropped / was cycling (2) heard / came (3) met / was living
2. (1) woke up / was (2) were you doing (3) came [got, was] / was having [eating]
3. （解答例）(1) were you doing yesterday at 7 (2) were you at 7 last night

5 | Step 2. 全文と解答

As an island nation with a **large** population, Japan is naturally one of the countries where personal space is often **hard** to secure. But the **difficulty** of finding privacy in such a densely populated area has led to the development of some **unusual** industries in Japan. In internet cafes, customers pay the charges for a personal cubicle to work, study or relax **in**. Karaoke boxes offer space for singing **out** as **loud** as you like. These services, however, often come at a price.

出典：Wilson, Adam R. and Rissaoui, Amin A. "The Price of Privacy in Japan." *The NUFS Times* No.3, August 2019, p.3.

Step 5. Exercises
1. (1) has broken (2) have seen (3) has been completed (4) has [have] / lived
2. (1) has been / for (2) has lost (3) have been / twice (4) has been / since

6 | Step 2. 全文と解答

The decreasing population in Japan is one of the most **significant** and critical societal issues that has been worsening for years. Extensive research has **already** been conducted on the **causes** of this phenomenon, including surveys with **local** citizens to **gather** first-hand data. It is crucial to consider **key features** and important statistics when reviewing **Japan's** population.

出典：Shilin, Efim.,Yusuf, Eliz. et al. "Are Government Benefits the Best Solution?" *The NUFS Times* No.4, December 2019, p.5.

Step 5. Exercises
1. (1) had been (2) had just begun (3) had broken (4) had seen
2. (1) showed / had taken (2) had been playing / arrived (3) was / had seen (4) had been dating / were [studied] (5) had already forgiven / apologized (6) had never been / became [got, was, turned]

7

Step 2. 全文と解答

Japanese work and company **culture** has an infamous reputation for being extremely intense and overwhelming. The pressure to conform coupled with a stressful **work environment** can **cause** employees **to suffer** from extreme mental and physical health problems. While some of these issues still persist today, Japan has been trying to mend a lot of these problems by **adding** new laws that protect workers' **rights**.

出典：Ilag, Rico B., Sasada, Takeru., and Urdahl, Hans H. W. A. "Startup Spirit Transforms Japan's Corporate Culture." *The NUFS Times* No.12, December 2023, p.2.

Step 5. Exercises
1. (1) b (2) a (3) b (4) a
2. (1) is going to wear (2) It won't / tomorrow (3) will be / next year (4) Are / going to / tonight (5) takes / this morning (6) am moving

8

Step 2. 全文と解答

Fridays for Future is an organization which was started in August of **2018** by Greta Thunberg, a 16-year-old Swedish girl, who has inspired millions to take a stand **against** climate change. The **aim** of the movement is to make sure that governments around the world strictly **follow** the goals **outlined** in the Paris Agreement. The impact of the Fridays for Future movement seems to have erupted in **Europe** and America, but can the same be said for Japan?

出典：Ozbek, Cagie Su., Tenniswood, Mairead Danielle. et al. "Japan aware our house is on fire?" *The NUFS Times* No.4, December 2019, p.3.

Step 5. Exercises
1. (1) is not used (2) was born (3) was invited
2. (1) Cheese is made from milk (2) The classroom is cleaned every day
   (3) When was the telephone invented
3. (1) My daughter was chased by a puppy in the park. (2) The island was hit by a super typhoon. (3) Mint-flavored ice cream is sold at that station.

9

Step 2. 全文と解答

Pictograms or "pictographs" are **useful** pictures resembling some physical objects or actions. They are the small images that accompany the various signs for bathrooms, bus stops, and various other public services. They convey the image **quickly** and easily, being **recognizable** at a glance. One can **recognize** an image of a bus, bathroom or bank with ease, almost subconsciously. As a result, pictograms can **allow** for ease of access for signage, notifying the **meaning** without a necessary translation.

出典：Hata, Yuki., Pinder, Oliver. et al. "Pictograms: Wordless Communication." *The NUFS Times* No.4, December 2019, p.1.

Step 5. Exercises
1. (1) is being built (2) has been mown [cut]
2. (1) His computer is being repaired (2) I had my hair cut at the barber (3) Can you make yourself understood in Japanese
3. (1) A poem is being read aloud by Nick. (2) My cousin has sketched this flower. (3) What language is spoken in Italy?

10

Step 2. 全文と解答

The loss of interest **in reading** among young people and shift away from books, especially from fiction, has become a very controversial topic in modern Japan. To analyze how frequently young Japanese people read books, we **collected** data from NUAS university. We asked how much literature students read in any format excluding manga, visual novels, or magazines. The results of the research are remarkable. About **75**% of NUAS students do not read books for more than 1-2 hours a week. At the same time, about **46**% of those surveyed do not read books at all.

出典：Strelkova, Yulia. and Mochida, Ryuma. "The Future of Literacy." *The NUFS Times* No.9, July 2022, p.3.

Step 5. Exercises
1. (1) can swim (2) May [Can] I photocopy [copy] (3) must finish
2. (1) Can their story be true (2) Do not stay up late (3) Will you open the window
3. (1) He must be Miki's brother. (2) Will you help me with the packing? (3) She ought to arrive at the bus stop soon.

11

Step 2. 全文と解答

According to the Ministry of Health, Labor and Welfare (MHLW), in 2020, the estimated number of people with **disabilities** in Japan was **9.7** million, up nearly **3** million from their last **survey** in 2013. This number will continue to rise alongside the **average** age of the population. More and more people will soon be requiring some sort of care, meaning many families will become **caregivers** to their disabled and aging family members. Others are likely to begin looking for facilities or, at the very least, personal **caretakers** so that the younger **generation** can continue to hold onto their jobs without having to worry.

出典：Okine, Maiven. and Flaherty, Nevan C. "The Voices of Socially Vulnerable." *The NUFS Times* No.9, July 2022, p.5.

Step 5. Exercises
1. (1) if (2) when (3) if (4) will be (5) finishes
2. (1) c (2) f (3) d (4) b (5) g

12

Step 2. 全文と解答

The Muslim population is growing in Japan, but Japan does not seem **ready** for it. According to the Japan Muslim Travel Index 2017 (JMTI), the number of Muslim travellers to Japan was **expected** to increase from 150,000 in 2004 to 1.4 million in

2020. **Moreover**, according to the data provided by the Ministry of **Justice**, there are 121,709 foreign residents from countries with a high Muslim population, ten times more than in 1990. Although the Muslim population in Japan is clearly growing, the reality is not **reflected** in the current social and cultural **policies** for integrating minorities.

出典：Takahashi, Reina. and Santiago, Victor Mencia. "Muslims in Japan." *The NUFS Times* No.9, July 2022, p.8.

Step 5. Exercises
1. (1) were / might (2) had invited [had asked] / could have (3) were / could (4) had checked / might have (5) had / been / would have
2. (1) If I were an expert, I would know the good points of the work. (2) If I had not felt so bad, I would have gone out yesterday. (3) If I didn't live in Nagoya City, I couldn't go to Nagoya Castle so frequently. (4) If I hadn't received a bonus this month, I wouldn't have bought a new electronic dictionary.

13

Step 2. 全文と解答
Currently, a **quarter** of CO2 emissions in the European Union (EU) come from road traffic. In response, countries have begun introducing plans for a transition to electric cars. **Multiple** countries have already announced **dates** to stop producing diesel and gasoline vehicles. Germany plans to stop the new registration of gasoline cars by 2030, the same year as Great Britain. Japan and Canada plan to discontinue sales by 2035. Meanwhile, car manufacturers, especially those in Germany and Japan, are **preparing for** a rapidly emerging electric vehicle market so that they can **maintain** domestic and international sales.

出典：Dexl, Danny. "From Combustion to Electric Cars." *The NUFS Times* No.8, December 2021, p.5.

Step 5. Exercises
1. (1) wish / were (2) as / had (3) otherwise (4) were to (5) it / for, But / for, Without
2. (1) I wish I had made a note of what he was saying (2) He behaves as if he were a king (3) If he should come here, please tell him

14

Step 2. 全文と解答
"Many cats now **grow up** on concrete tetrapods that line Okinawa's beaches. **Due to** the excess amounts of stray cats in **certain** port towns, these cats may find themselves lost at sea in **rough** weather." This shocking information was provided by Mrs K, who works to protect stray cats from being undeservedly slaughtered, displaced or **dying** on the streets.

出典：Yamamoto, Shota. "Put Yourself in Cats' Shoes." *The NUFS Times* No.7, July 2021, p.2.

Step 5. Exercises
1. (1) told / he wanted (2) told / she was (3) told / she had lost her (4) told / he had / told / her / his
2. (1) She said (that) that was a very difficult problem for her. (2) Caroline said to [told] me (that) she had seen a ghost in that room the previous night. (3) Our coach said to [told] us (that) we would have a meeting the next day. (4) Michael said to [told] her (that) he had bought her a useful device for her studies.

15

Step 2. 全文と解答

In August **2020**, protesters set up camp in British Columbia's Fairy Creek watershed. The protesters **began blocking** access to the area upon hearing that a Canadian company had been building roads to access the site for cutting trees. The protesters were particularly concerned about the old-growth trees there. Old-growth trees are generally very old, ranging from **140** to over a **thousand** years old. The loss of such trees is concerning because it means the loss of the unique **historical**, spiritual, and **ecological** value associated with large trees.

出典：Teichrib, Jacob. "Redefining Forest Renewability." *The NUFS Times* No.7, July 2021, p.6.

Step 5. Exercises

1. (1) to eat (2) to go (3) to work (4) Playing (5) fishing (6) buying
2. (1) to stay up late (2) going to (3) purchasing (4) to open (5) accepting (6) seeing

16

Step 2. 全文と解答

Helping small-scale farmers in **developing countries**, protecting local **communities**, and combating environmental degradation, fair trade makes for a more equitable global economy. Before the fair trade system **began**, farmers had more troubles receiving fair compensation. Now, the initiative helps farmers avoid issues regarding **overwork**, child labor and low wages. By purchasing fair trade **products**, we can support farmers' lives in **developing countries** and help the fair trade movement realize a more sustainable world.

出典：Mizuno, Utana. "Sewing an Ethical Economy." *The NUFS Times* No.7, July 2021, p.3.

Step 5. Exercises

1. (1) exciting (2) excited (3) speaking (4) Written / spoken (5) selling
2. (1) broken glass on the floor / glass broken on the floor (2) those students dancing on the stage
   (3) is that man wearing red clothes
3. (1) I met a student studying Japanese.
   (2) My mother bought a bag made in France [a French-made bag].

17

Step 2. 全文と解答

Walking by the **gates** of Saimyouji, a temple in Kawagoe city, Saitama prefecture, one might witness two men, or two women, walking hand in hand to a **traditional** Buddhist wedding. Available to same-sex couples, these weddings mark a **shift** in Japan's public **attitude** towards the LGBTQ+ community. In **recent** years, religious institutions and social organizations, like Saimyoji temple, have been fighting for a Japan where "same-sex **marriage**" is possible.

出典：Kasugai, Shiori. "A Chance" *The NUFS Times* No.7, July 2021, p.4.

Step 5. Exercises

1. (1) Hearing / my dog (2) Walking to the station (3) (Being) Written in English
   (4) Not having any money, I had to ask my sister to lend me some (money).
2. (1) Feeling sick, I stayed in bed. (2) Watching a movie, he fell asleep.
   (3) Not having any money

First Step to College English **87**

3. (1) Created [Made] by a famous designer, this bag was very expensive.
   (2) Not knowing where he was, I made a phone call to him.

18

Step 2. 全文と解答

Some Ghibli fans across the globe have **dreamed** of being a **character** within the fantastical world of Ghibli. Others **wish** for tasting the magical world's delicious foods, basking in the sun on Totoro's huge belly, or **flying** on Kiki's delivery broom. All those aspirations, which once seemed impossible, have become a **reality** at the new Ghibli Park located in Aichi Prefecture. The Ghibli Park **provides** a sense of the Ghibli world for children and adults **alike** from all over the world.

出典：Morgan, Amy L., Maynard, Karla, and Shen, Yunchieh. "Reaching Beyond the Screen." The NUFS Times No.10, December 2022, p8.

Step 5. Exercises

1. (1) twice as / as (2) much [far / a lot] better
   (3) More and more (4) at least (5) no more than
2. (1) Read as many books as possible during spring vacation.
   (2) The more you practice, the better you will get.
3. (1) The company achieved its goals much [even / still / far / a lot] faster than it had expected.
   (2) This sightseeing spot is by far the most popular among young people.

19

Step 2. 全文と解答

Hikikomori refers to socially withdrawn people who stay at home. Over a **million** people in Japan have experienced social isolation, a **trend** that emerged in the 1970s and has been a growing **concern** since the 90s. Helping those who have little social **interaction** can be very difficult and **finding** them can be just as **challenging**. Although there can be many reasons **why** someone becomes socially withdrawn, it is important that they overcome their struggles to reintegrate into society.

出典：Martines, Luis E, Matsui, Minami, and Pecoro, Levi N. "Hikikomori in Japan: Creative yet simple solutions to social integration." *The NUFS Times* No.11, July 2023, p.3.

Step 5. Exercises

1. (1) The book which I borrowed from the library is very interesting.
   (2) I have just had a chat with an author whose works are selling well.
2. (1) Sunday is the day when the whole family gathers for dinner.
   (2) That's how mom first met dad.
3. (1) during which (2) which (3) which (4) why (5) which

20

Step 2. 全文と解答

According to a survey in Fukui Prefecture, "only 19% of Japanese schools **allow** girls to wear pants as their school uniform, which **means** that 81% of Japanese schools make girls wear skirts, regardless of the season." **Strict** school rules are still alive and well in Japan, now resembling outdated customs that fail to **adjust** to the times. In both **global** and domestic debate, Japan's rigid school rules have been **criticized** as a nightmare that lacks true **educational** value. Schools nationwide are left to decide which rules are necessary for student growth, and which ones are outdated.

出典：Costesrossignol, Marion M. G, Hayano, Maaya, and Sato, Hatsune. "Rules in Japanese schools." *The NUFS Times* No.11, July 2023, p.2.

Step 5. Exercises

1. (1) It was Miki's brother who [that] I saw in the supermarket yesterday.
   (2) It was Kanta's cousin who [that] witnessed a UFO.
2. (1) （解答例）彼はまさに私が探し求めてきた人です。
   (2) （解答例）ベネチアで再会するなんて夢にも思いませんでした。
3. (1) does (2) on earth (3) Never (4) at all (5) So

執筆者（五十音順）

今井 康貴　名古屋外国語大学 言語教育開発センター　外国語担当専任講師
　　　　　　英語史、英語学、コーパス言語学
　　　　　　(5, 6, 7, 19)

奥田 俊介　名古屋外国語大学　外国語学部英米語学科　講師
　　　　　　アメリカ外交史、国際関係史、歴史学
　　　　　　(14, 15)

中土井 智　名古屋外国語大学 言語教育開発センター　外国語担当専任講師
　　　　　　現代イギリス小説、批評理論
　　　　　　(8, 9, 10, 20)

橋尾 晋平　名古屋外国語大学 言語教育開発センター　外国語担当専任講師
　　　　　　英語教育、応用言語学、コミュニケーション学
　　　　　　(1, 2, 11, 12, 13, 18)

吉本 美佳　名古屋外国語大学　外国語学部英米語学科　教授
　　　　　　アイルランド・イギリス現代演劇
　　　　　　(3, 4, 16, 17)

リスニング音声・動画、英語校正協力者

Nicholas Bradley, Simon J. Humphrey, Kevin Ottoson, Philip Rush, Fern Sakamoto, Mathew S. White, Yasutaka Imai, Tomo Nakadoi

名古屋外国語大学　英米語学科リーディングチーム

今井 康貴、奥田 俊介、甲斐 清高、加藤 由崇、川原 功司、児玉 茂昭、高橋 佑宜、中土井 智、新居 明子、橋尾 晋平、ハンフリー 恵子、古村 由美子、真崎 翔、吉本 美佳

First Step to College English

発行　　　　　2024年12月1日

編者　　　　　名古屋外国語大学　英米語学科リーディングチーム

編集・校正　　今井　康貴、奥田　俊介、中土井　智、橋尾　晋平、吉本　美佳

レイアウト　　今井　康貴

カバーデザイン・イラスト　　吉本　美佳

発行所　　　　名古屋外国語大学出版会
　　　　　　　〒470-0197　愛知県日進市岩崎町竹ノ山57番地
　　　　　　　電話　0561-74-1111（代表）
　　　　　　　https://nufs-up.jp

組版・印刷・製本　　株式会社荒川印刷